Titre de l'édition américaine : What Babies say before they can talk

Traduction de Marie-Hélène Demillière

Photocomposition *CMB* Graphic
44800 Saint-Herblain

33, rue Linné
75005 Paris – France
E-mail : info@leduc-editions.com
ISBN : 978-2-84899-250-1

Dr Paul C. Holinger

Stephan Valentin

Ce que disent les bébés avant de savoir parler

LEDUC.S
ÉDITIONS

Sommaire

Introduction

Le long chemin qui conduit à faire de nos enfants des êtres heureux, capables et responsables

Tout être humain possède dès la naissance un jeu de signaux. D'après de récentes recherches, il en existe neuf : l'intérêt, la joie, la surprise, le désarroi, la colère, la peur, la honte, le dégoût (réaction à un goût déplaisant), et la répulsion (réaction à une mauvaise odeur). Ils constituent nos toutes premières émotions. Puis, au fil du temps, ils s'assemblent et, associés à l'expérience, ils finissent par constituer notre vie psychique. Comprendre ces signaux et la façon dont ils fonctionnent peut tout changer, pour vous et pour votre bébé. C'est le sujet de ce livre.

J'aimerais tout d'abord me présenter et vous raconter comment j'en suis venu à m'intéresser au développement de l'enfant. Je suis docteur en médecine, spécialisé en psychiatrie et psychanalyse. J'aime le sport, j'adore apprendre et, le plus important, je suis le père d'un petit garçon de 10 ans. Je pense qu'il est essentiel d'aider les parents à comprendre leurs enfants pour que ceux-ci deviennent à part entière des êtres heureux, capables et responsables.

Très jeune déjà, je m'intéressais à la psychologie – en partie parce qu'en tant qu'enfant j'avais le sentiment que mes parents, pourtant bien intentionnés, ne comprenaient pas ce que je ressentais. Lorsque je suis entré à l'université, je savais que je voulais me spécialiser en psychologie puis aller en faculté de médecine pour devenir psychiatre. J'ai suivi mes études de psychiatrie à Chicago puis à la Harvard University

School of Public Health de Boston pour étudier l'épidémiologie psychiatrique – étude de la fréquence et de la répartition des troubles psychiques. À Boston, j'ai commencé à me passionner pour la prévention – plutôt que le simple traitement – des troubles psychiques. Cette passion est devenue encore plus forte lorsque j'ai entrepris de soigner les adolescents et d'effectuer des recherches sur la violence et le suicide chez les jeunes. Toutefois, une autre pièce est venue s'ajouter au puzzle. Je suis retourné à Chicago pour exercer la psychanalyse chez les adultes et les enfants. Je voulais saisir dans toute leur profondeur leurs émotions et m'en servir pour aider mes patients.

Depuis ce jour, je travaille donc avec des enfants et des adultes. Certains patients ont même besoin de cinq séances par semaine. J'ai découvert qu'un travail intense leur permet de mieux se comprendre eux-mêmes et de progresser dans des voies qu'aucune autre forme de traitement ne permet. Mon centre d'intérêt restait toutefois la prévention de la souffrance morale. Je me demandais : « Que serait-il arrivé si j'avais pu voir Éric [un patient de 25 ans] quand il avait 5 ans, et travailler avec lui et ses parents ? », « Que serait-il arrivé si j'avais pu parler aux parents de Marie [une femme de 35 ans avec qui j'avais travaillé quatre fois par semaine pendant sept ans avec beaucoup de succès] lorsqu'elle était enfant ? ». Est-ce qu'Éric et Marie auraient échappé à cette douleur qui les tenaillait depuis leur adolescence ?

Je me demandais comment se formait la personnalité de chacun, comment les attributs innés d'un individu contribuaient à son développement psychique et quel rôle l'environnement – les parents, les fournisseurs de soins, le contexte social – jouait dans l'apparition de ces troubles plus tard dans la vie. Je pensais qu'aider les familles et les enfants en difficulté n'était pas suffisant, non pas parce qu'ils ne pouvaient pas être aidés – ils peuvent faire d'énormes progrès pour améliorer leur qualité de vie – mais parce que je me sentais obligé de trouver un moyen de régler le problème dès le début. Je me rappelais souvent les paroles d'Helen C. Boyden, une femme formidable qui était mon professeur de chimie au lycée : « Il faut savoir éviter les problèmes pour ne pas avoir à les résoudre. »

Des progrès remarquables ont été faits en psychiatrie et en psychanalyse. Toutefois, selon moi, les recherches ont été insuffisantes dans deux domaines. Tout d'abord, nous ne nous sommes pas assez concentrés sur la prévention et, en second lieu, nous avons omis de communiquer au public ce que nous savions en matière de développement de l'enfant. Lorsque je parle de prévention de problèmes psychiques, je fais référence au conflit, à la dépression et à l'anxiété qui peuvent résulter de l'incompréhension et de la mauvaise régulation des émotions ; je ne parle pas des principales psychoses que sont la schizophrénie et les troubles bipolaires, bien que comprendre les premiers signes puisse également aider dans ce genre de maladie. J'espère que mes collègues apprécieront le fait que j'essaie de communiquer le plus simplement possible diverses caractéristiques du monde affectif et préverbal de l'enfant et de la personne qui s'occupe de lui ainsi que du problème de régulation des tensions qui en découlent.

Au cours du XXe siècle, les progrès effectués en matière de recherches et de méthodes cliniques ont permis d'établir que la prévention, et non pas simplement le traitement, de certains problèmes psychiques était possible. Je me suis plongé dans l'étude des données et des théories sur le développement des émotions chez les enfants et sur leur façon de communiquer leurs premiers sentiments. Un grand nombre de chercheurs tels que Ainsworth, Bowlby, Demos, Emde, Greenspan, Lichtenberg, Main, Panksepp, Plutchik, Schore, Spitz et Stern ont permis de faire des progrès considérables dans la compréhension du développement et de la neurobiologie des émotions de l'être humain ; des cliniciens tels que Basch, Freud, Gedo, Goldberg, Kernberg, Kohut, Modell et Winnicott ont, quant à eux, permis de faire des progrès considérables en matière de traitement des problèmes psychiques chez l'enfant et chez l'adulte. Finalement, les conclusions de ce livre sont fondées sur cinq facteurs : le travail clinique avec les adultes et les enfants ; les différentes études menées sur les enfants ; la recherche sur l'évolution ; les études sur le cerveau ; et les résultats des programmes de prévention et d'intervention précoce.

L'étude des émotions chez l'être humain est extrêmement complexe et il existe de nombreux points de vue, théories et données. Toutefois, dans ce livre, je ne m'appuierai que sur le travail de trois scientifiques. Ce sont ces trois personnes qui m'ont influencé et poussé à aider les parents à faire de leurs enfants des êtres heureux, capables et responsables.

Le premier de ces scientifiques s'appelle Silvan Tomkins. Il a rédigé un ouvrage en quatre volumes intitulé *Affect Imagery Consciousness*, qui est en fait une exploration approfondie de la vie psychique. Tomkins et ses collègues Demos, Ekman, Izard et Nathanson se sont appuyés sur le travail de Darwin (*L'Origine des espèces, L'Expression des émotions chez l'homme et les animaux*) et ont recherché le développement et le caractère héréditaire des émotions chez l'homme. Ils en conclurent que tous les humains naissaient avec des réponses biologiques aux stimulations (affects ou signaux) qui assuraient la communication et la motivation, agissaient l'une sur l'autre puis, avec l'expérience, déterminaient notre façon d'agir.

Daniel Stern, spécialiste de la petite enfance, est quant à lui un autre personnage clé. Son livre *Le Monde interpersonnel du nourrisson*, paru en 1985, est un classique qui a changé notre perception de la petite enfance. Stern a insisté sur le fait que les bébés ont des interactions sociales très importantes dès leur venue au monde et a démontré que la reconnaissance précoce des parents à l'égard de leur enfant – ainsi que les réactions positives et la marque de sensibilité – avait une profonde influence sur le développement positif de la vie psychique.

Pour finir, le travail d'Alexander Meltzoff a également été très important pour moi. S'appuyant sur les premiers travaux de Darwin et de Freud, Meltzoff et d'autres ont étudié la tendance qu'ont les bébés à imiter et à s'identifier aux personnes les plus importantes de leur vie. Ces recherches très complexes nous aident à comprendre comment, consciemment et inconsciemment, les enfants ressemblent à leurs parents ou alors se différencient d'eux.

À l'époque où j'étudiais les émotions chez les bébés et les

enfants, ma femme et moi avons eu un fils. Alors que je passais beaucoup de temps avec des parents et leurs enfants, je me suis rendu compte que les idées que développaient ces chercheurs et ces cliniciens n'étaient pas dénuées de sens. Toutes ces informations semblaient confirmer que le caractère émotionnel d'un enfant – qu'il soit confiant, curieux, optimiste, aimant et sûr de lui, ou méfiant, pessimiste et sur la défensive – est formé par un tissu complexe d'influences découlant de l'héritage génétique de l'enfant, de sa première rencontre avec ses parents et le monde extérieur et, plus tard, d'autres expériences liées au développement. Mais ce qui m'a le plus frappé, c'est quand j'ai réalisé que de la compréhension des neuf signaux dépendait le développement positif de la vie psychique de l'enfant.

Dans mon travail, j'ai remarqué que la concentration sur les signaux de l'enfant pouvait produire des résultats tout à fait remarquables. Je me souviens d'un couple qui étouffait les expressions de désarroi et de colère de leur fille de 5 ans. Ils l'humiliaient en l'obligeant à les masquer, à tel point qu'elle pensait être une enfant monstrueuse pour ressentir une telle colère ; elle est devenue névrotique et inhibée. J'aurais pu lui prescrire un traitement mais j'ai pensé que parler avec elle et ses parents et essayer d'interpréter ce qu'elle pensait et ressentait seraient d'une aide beaucoup plus précieuse. J'ai donc travaillé avec les parents pour les aider à comprendre que les signaux de désarroi et de colère qu'émettait leur fille étaient des réponses innées transmises au cerveau et qu'ils étaient nécessaires pour véhiculer certaines informations. Au fil du temps, les parents furent plus à même de comprendre et d'encourager leur fille à exprimer ces signaux. Accepter les signaux de l'enfant et apprendre à leur répondre de façon appropriée ont soulagé sa détresse – et celle de ses parents.

David Olds et ses collègues du Colorado ont mis au point de brillantes et efficaces stratégies de prévention et d'intervention précoce en se concentrant sur la compréhension et la régulation des émotions. De même, Deborah Gross et ses collègues de Chicago ont étudié de jeunes enfants susceptibles de développer des troubles du comportement. Ils en ont conclu qu'aider les parents à comprendre les émotions et les réactions de leurs enfants diminuait considérablement le nombre d'enfants atteints de ce genre de problèmes, en comparaison avec les familles livrées à elles-mêmes.

Puis, avec l'expérience, j'ai remarqué que ces théories sur les signaux et les émotions marchaient non seulement avec les parents et les enfants à risque, mais également avec les autres. Si vous maximisez les émotions positives de votre enfant – comme, par exemple l'intérêt et le plaisir –, si vous lui permettez d'exprimer pleinement les signaux de désarroi, de colère, de peur et de honte, et si vous recherchez la cause de ces émotions négatives, votre enfant sera plus heureux, en meilleure santé et vous aussi.

La première partie de ce livre explique comment les enfants naissent dotés d'une aptitude innée à exprimer ce qu'ils ressentent en utilisant un système de communication préverbal fondé sur neuf signaux. Elle explique également comment l'environnement dans lequel vit l'enfant influence ses émotions et l'expression de ces signaux. Puis elle vous demande, en tant que parent ou autre fournisseur de soins, de prendre le temps de vous analyser : qui êtes-vous, émotionnellement et intellectuellement, et dans quelle mesure influencez-vous le développement de votre enfant ?

La seconde partie du livre expose en détail chacun des neuf signaux et étudie les différentes façons qu'ont les parents de répondre le plus judicieusement possible à ces marques d'émotion.

Je pense sincèrement que nous tous, parents et fournisseurs de soins – ceux qui sont à l'aise et ceux qui sont légèrement déconcertés, ceux qui ont déjà l'expérience de trois enfants et ceux qui accueillent le tout premier –, avons beaucoup à gagner en sachant interpréter ces neuf signaux. Et les enfants aussi. Les vingt-quatre premiers mois de la vie de votre bébé sont très importants : il apprend en un court laps de temps des milliers de choses à pas de géant et vous aussi.

Toutefois, ce livre va bien au-delà du problème de la petite enfance : il parle des neuf signaux innés, de l'embryologie de la vie psychique, ainsi que des interactions avec l'environnement au cours des années qui précèdent le langage. Il explique également que ces neuf marques d'émotion ont une importance qui s'étend bien au-delà de l'époque préverbale pour toucher la petite enfance, la grande enfance, l'adolescence et finalement l'âge adulte. Vous allez peut-être même découvrir certains aspects de votre vie intérieure et de votre dynamique psychologique jusqu'alors méconnus. Devenir parent constitue également une étape dans le développement de l'être humain. C'est en pratiquant que l'on apprend mais cela peut changer votre vie et celle de votre enfant à tout jamais.

Dr. Paul C. Holinger

Première partie

Comprendre votre enfant... et vous-même

1

Bienvenue dans le monde de Bébé

En général, on pense que les nouveau-nés sont comme les petits pains – ils sentent bon, sont très doux au toucher et sont essentiellement spectateurs de ce qui les entoure. Mais le jour où vous en avez un bien à vous, vous découvrez très rapidement qu'ils sont des petits êtres vifs, complexes et pleins de vie. Même à l'état de fœtus, ils engloutissent toutes les informations sensorielles venant de l'extérieur avec un enthousiasme débordant.

Les bébés sont des êtres très sociables – non seulement ils ont besoin des autres pour rester en vie, mais ils recherchent et apprécient cette interaction avec autrui. Dès les premiers jours et les premières semaines, ils détectent les personnes qui les entourent puis réagissent à leur présence. Certes, au début, ce monde leur semble très restreint – un petit lit d'enfant, une chambre, un sein, des bras qui bercent –, mais les personnes qui peuplent ce petit univers – maman, papa, et autres fournisseurs de soins – ont une très grande influence sur eux.

En tant que parent d'un bébé, votre humeur, votre expressivité, le ton de votre voix, votre réceptivité, votre intérêt et votre degré d'anxiété peuvent avoir un impact sur sa future personnalité. Il acquiert des connaissances en communication, apprend à exprimer ses pensées et ses émotions, à contrôler la tension et le désarroi et à ressentir la confiance ou l'inquiétude, en grande partie par le biais de votre comportement et de votre vision du monde. Vous influencez de différentes façons la personnalité naissante de votre enfant ainsi que son caractère émotionnel.

Mais votre enfant ne fait pas seulement qu'absorber ce que vous lui offrez, comme une énorme éponge assoiffée. Il « se fait entendre » et vous dit ce dont il a besoin, ce qu'il pense et ce qu'il ressent. Tous les bébés viennent au monde avec de nombreux traits de caractère innés et ont beaucoup de choses à dire avant même de savoir parler.

Comment votre bébé vous transmet-il ses messages urgents ? Les bébés et leurs parents mettent en place un système de communication dès la naissance. Le vocabulaire d'un bébé est constitué non pas de mots mais de neuf signaux qui traduisent ses toutes premières émotions : *l'intérêt, la joie, la surprise, le désarroi, la colère, la peur, la honte, le dégoût et la répulsion* (aversion pour les odeurs désagréables). Un cri hésitant, un gémissement, un visage boudeur, un tendre câlin : ce sont là ses tout premiers moyens de s'exprimer.

Ces premières expressions se modifient et évoluent aussi rapidement que l'enfant grandit. Au cours de ses premières semaines et premiers mois de vie, alors qu'une véritable relation se crée entre vous, vous remarquerez que votre petit développe une personnalité indépendante avec toutes les excentricités et les qualités que nous possédons tous en tant qu'adultes. Observer les différentes étapes du développement de son enfant fait partie des plaisirs – et des défis – d'être parent. Le premier sourire de Bébé vous remplit de joie, mais la colère ou le mécontentement d'un enfant peut être déconcertant et préoccupant. Souvent, vous vous demandez comment votre petit bébé a pu devenir la personne que vous tenez dans vos bras.

Les scientifiques et les médecins se posent également des questions sur la complexité du développement d'un enfant. Certains disent que la *nature* est essentiellement responsable de la personnalité et du comportement et que la programmation génétique et les processus biochimiques prédéterminent le caractère. D'autres pensent que c'est l'expérience qui influence notre caractère, que nous sommes facilement malléables en fonction de l'environnement, des circonstances et de l'interaction avec autrui. En réalité, les deux théories sont quelque part exactes : la Nature et l'Expérience jouent un rôle important, quelquefois l'une plus que l'autre. Les toutes dernières études réalisées par Daniel Stern et d'autres spécialistes de la petite enfance démontrent ce que les mamans et les papas observateurs savent depuis des milliers d'années : le devenir de l'enfant dépend d'un tissu complexe d'attributs innés, de la qualité des soins apportés par les parents, des conditions de vie de l'enfant et de ses expériences.

Qu'est-ce que tout cela implique pour les parents ? Cela signifie qu'ils devraient se concentrer sur l'interaction nature-expérience, c'est-à-dire sur la façon dont l'interaction parents-enfant influence le développement de la personnalité d'un enfant. Pourquoi ? Parce que l'interaction parents-enfant reste sous le contrôle du père et de la mère et c'est ce qui guide un enfant vers la construction de son identité. En tant que parent, vous n'avez aucune influence sur la génétique ou sur ce qui se passe dans le monde, mais vous avez un rôle à jouer dans votre relation avec votre bébé et dans le développement de sa vie psychique. Même si une grande partie de son psychisme et de son intellect continue à se développer une fois que l'enfant commence à parler, de nombreuses habitudes comportementales et émotionnelles sont engrangées au cours des premiers mois de sa vie.

Heureusement, au cours de ces dernières années, les recherches se sont accrues en matière de développement de l'enfant et les scientifiques se sont rendu compte à quel point la période préverbale pouvait être importante pour le développement psychique sain d'un enfant. Ils ont commencé à identifier de façon plus approfondie comment la nature inhérente d'un enfant, associée à ses expériences avec ses parents et autres facteurs environnementaux, peut façonner sa personnalité naissante.

CE QUE LA NATURE APPORTE : L'INFLUENCE DE LA GÉNÉTIQUE

Même si chaque enfant en bonne santé vient au monde avec la faculté d'émettre des signaux, il possède sa propre façon de moduler ces signaux. Cette réactivité et cette expressivité individuelle forment ce que l'on appelle généralement le *tempérament*. L'une des théories les plus en vue sur le tempérament suggère que les enfants naissent avec un niveau d'activité programmé – réfléchi dans les gestes et dans l'agitation qu'ils expriment. D'autres traits inhérents peuvent inclure :

- Une horloge corporelle interne – réglée par diverses fonctions biologiques comme le cycle du sommeil, le comportement alimentaire, les fonctions digestives et les humeurs.

- La réaction d'un enfant face à des situations inconnues – traduite par le degré de timidité ou de hardiesse qu'il manifeste.

- Adaptabilité aux imprévus – traduite par la flexibilité et/ou le besoin d'ordre.

- L'humeur générale d'un enfant – traduite par une prédisposition à être pensif, sombre, rieur, timide, voire dépressif ou agressif.

- La faculté d'être persévérant – traduite par un seuil de frustration ou de patience.

- Un seuil sensoriel – traduit par le degré de sensibilité à des facteurs sensoriels tels que les couleurs, les sons, les odeurs ou la lumière. Certains enfants ont une faible tolérance au bruit ou sont très sensibles aux lumières ; d'autres ne semblent pas être en accord avec certaines odeurs ou certaines couleurs.

- L'intensité individuelle d'expression – traduite par l'expression des signaux de base.

Le détachement lorsque l'enfant est contrarié – traduit par une aptitude à contrôler la frustration, l'angoisse, la colère et l'impatience.

Il ne fait aucun doute que le tempérament inné exerce une réelle influence sur le caractère d'un enfant ; mais je suis également convaincu qu'une expérience très rapide influence aussi son caractère émotionnel. Certains de ses réflexes inhérents sont accentués, d'autres diminués. Cela dépend beaucoup de la façon dont l'enfant expérimente le monde et dont le monde traite l'enfant.

CE QUE L'EXPÉRIENCE APPORTE : L'INFLUENCE DE L'ENVIRONNEMENT

Trois forces liées à l'environnement forment le caractère d'un enfant. Tout d'abord, la plus importante, les parents et autres fournisseurs de soins. Le développement du caractère émotionnel d'un enfant est directement influencé par l'accueil que lui réservent les personnes responsables de son bien-être. Dans ce livre, j'espère vous démontrer dans quelle mesure la compréhension des neuf émotions premières permet de favoriser le développement émotionnel. Prenons l'exemple d'un enfant qui ne supporte pas le bruit et qui naît dans un foyer tranquille où les personnes font passer ses besoins avant leurs propres besoins chaque fois que cela est nécessaire. Elles n'écoutent pas beaucoup de musique ni élèvent la voix très souvent. Ce n'est pas leur façon de vivre. Quand leur bébé entend un bruit violent dans la rue, il pleure ; mais les parents reconnaissent que le bruit était effrayant et consolent immédiatement l'enfant qui se sent alors protégé. Cet enfant apprendra au fil du temps à ne plus avoir peur du bruit et découvrira différentes façons de supporter les bruits déplaisants. Avec le temps, ils deviendront de plus en plus supportables.

D'un autre côté, un enfant qui ne supporte pas le bruit peut faire naître la colère chez un parent qui adore écouter la 5e de Beethoven en ambiance concert – et qui n'a pas l'intention de faire passer les besoins de Bébé avant les siens. Dans ce cas, lorsque Papa augmente le volume du lecteur CD, Bébé hurle. Et si Papa ne contrôle pas sa colère de devoir interrompre ses activités, l'enfant n'apprendra pas à maîtriser sa propre réaction à un bruit violent. Pour résumer, un parent qui ne sait pas maîtriser ses émotions ne peut apprendre à son enfant à maîtriser les siennes. Nous naissons tous avec des émotions prédéfinies, et notre évolution jusqu'à l'âge adulte est façonnée par les expériences et les personnes que nous rencontrons dès notre venue au monde.

La culture exerce également une influence considérable sur le développement de l'enfant. Les mœurs et les coutumes peuvent influencer le développement des émotions intimes chez les enfants ainsi que leur mode d'expression. La culture change l'opinion que les hommes et les femmes ont d'eux-mêmes, leurs relations avec autrui ainsi que l'estime de soi et l'optimisme. Le racisme, par exemple, peut ébranler les sentiments d'espoir et d'estime de soi ; dans de nombreuses sociétés, les différentes attitudes envers le rôle et la nature des femmes peuvent provoquer chez les jeunes femmes de graves troubles psychiques.

La troisième grande influence est ce que j'appelle les circonstances inhabituelles. Un traumatisme psychique ou physique, la perte précoce d'un parent, la guerre, la pauvreté et la violence exercent une influence considérable sur le développement psychique d'un enfant, même si chaque enfant réagit différemment. La violence peut engendrer la violence chez certains, la dépression et la passivité chez d'autres. Mais des circonstances difficiles ne condamnent pas les enfants à une vie douloureuse. Pour des raisons que nous ne pouvons complètement expliquer, certains enfants victimes de circonstances ou d'événements terribles se remettent et continuent leur chemin. Mais pour de nombreux autres, une thérapie, lorsqu'elle est nécessaire, peut aider un développement psychique positif même en présence d'événements malheureux et d'un profond désarroi.

Vous allez partir pour un voyage passionnant, rempli de découvertes au fur et à mesure que vous et votre bébé allez vivre, vous aimer et grandir ensemble. Chaque jour va vous dévoiler la personnalité naissante de votre enfant, et vous allez découvrir comment elle se forme grâce à la combinaison de ses attributs innés et de l'influence de votre propre expérience.

Ce livre, je l'espère, va vous aider dans ce voyage de découverte – de votre enfant et de vous-même en tant qu'individu et en tant que parent – pour que les interactions avec votre enfant vous apportent une vie remplie de bonheur et de profonde satisfaction.

J'ai effectué un voyage similaire en tant que parent et en tant que médecin. Et cela m'a permis de découvrir avec passion l'importance de comprendre et de répondre judicieusement aux toutes premières expressions d'émotion d'un enfant.

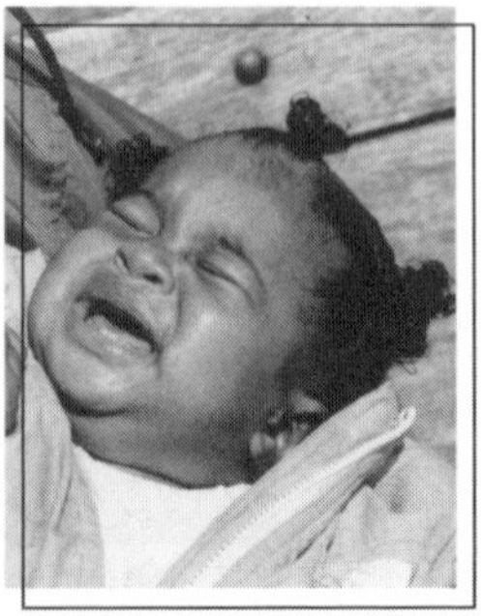

La colère

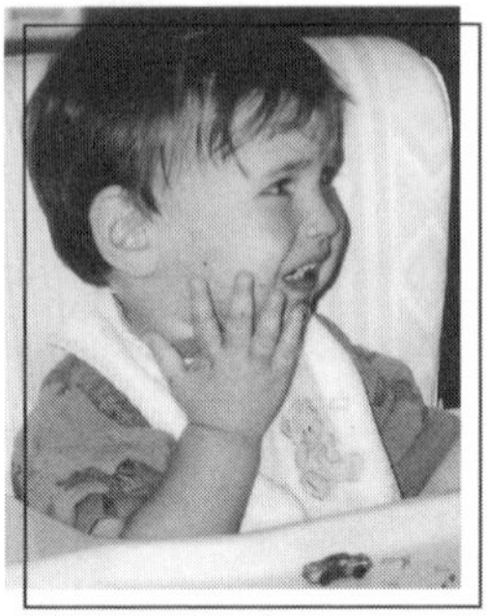

Le désarroi

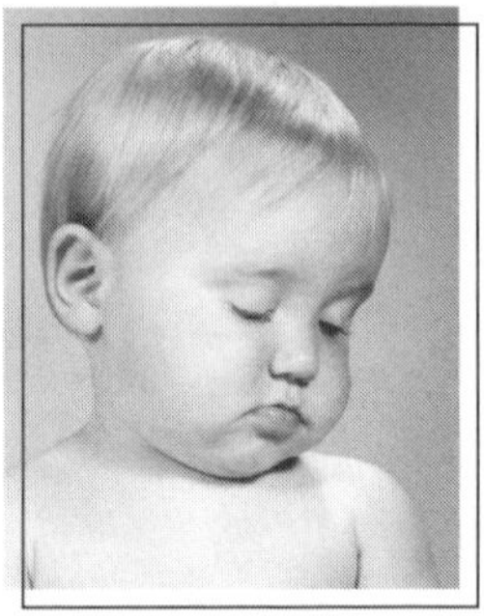

La honte

La joie

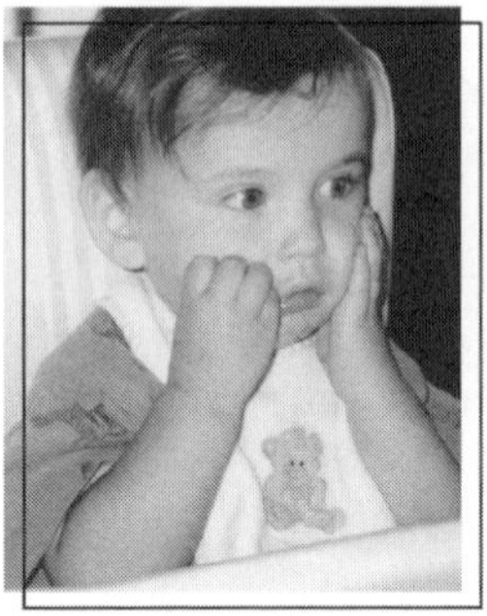

La peur

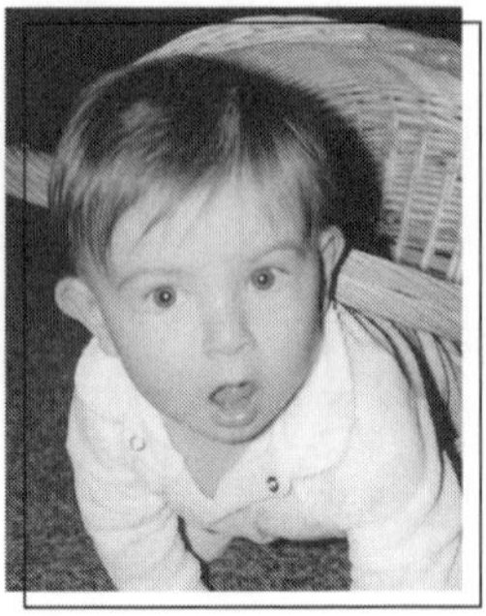

La surprise

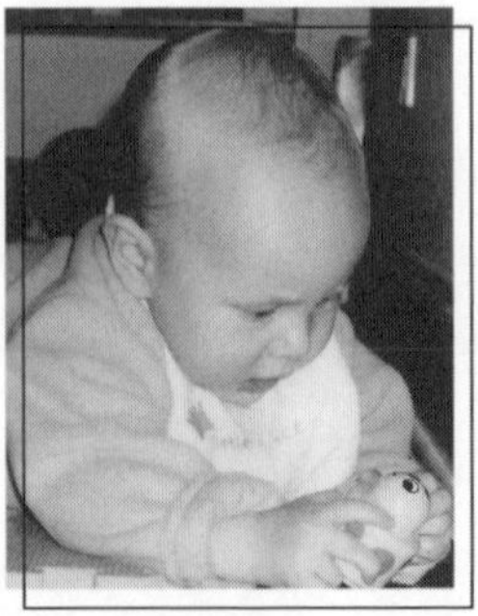

L'intérêt

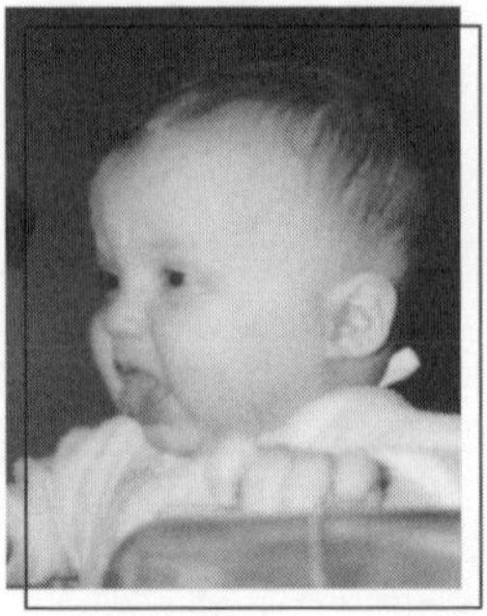

Le dégoût

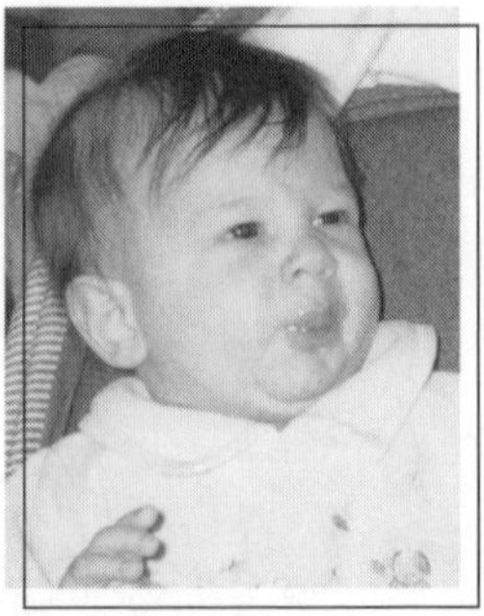

La répulsion

2

Le fondement des sentiments : les neuf signaux de base

Emma est très expressive. Depuis ses 3 mois, dès qu'elle a faim, elle fait semblant de tousser en faisant un petit « heu, heu » puis me regarde avec la bouche grande ouverte. C'est vraiment très éloquent. Et si elle s'endort entre nous puis se réveille avec de nouveau la faim au ventre, elle me donne un coup de pied pour me réveiller pour que je la nourrisse. Elle a 6 mois maintenant, et depuis deux à trois semaines, elle me touche le sein lorsqu'elle veut du lait. Si elle est contrariée, elle fait la grimace et hurle ! Cette petite fille a de la voix. Elle communique beaucoup plus avec moi que je ne l'aurais imaginé. Elle semble vraiment être capable de me dire ce qu'elle ressent et ce dont elle a besoin.

Carine, 36 ans, maman pour la première fois

Les récentes recherches, tout à fait passionnantes, suggèrent quelque chose de remarquable : votre bébé vient au monde avec la faculté d'exprimer des sentiments et des réactions en utilisant un langage préverbal de neuf signaux innés. Ces signaux sont exprimés par le visage, la voix et le corps. Ils transmettent les réponses du bébé à toutes sortes de stimuli, à la fois internes, comme des coliques douloureuses, ou externes, comme un bruit amusant ou une voix furieuse. Ces signaux ont été découverts chez les bébés et les adultes, quelle que soit la culture étudiée jusqu'à présent.

Dès le premier jour, ces signaux permettent à l'enfant d'exprimer ses besoins et ses désirs. Ils constituent également la base du caractère psychique complexe d'un enfant. Ils se transforment en émotions !

Ces neuf signaux se divisent en deux catégories : *les signaux de plaisir*, qui regroupent l'intérêt, la joie et la surprise ; et *les signaux de détresse*, qui regroupent le désarroi, la colère, la peur, la honte, le dégoût (réaction à un goût déplaisant) et la répulsion (réaction à une mauvaise odeur).

L'intérêt et la joie sont des signaux positifs ; la surprise réinitialise le système nerveux en réponse à une stimulation très rapide ; le désarroi, la colère, la peur, la honte, le dégoût et la répulsion sont, quant à eux, des signaux négatifs. Le fait qu'il existe plus de signaux négatifs que de signaux positifs semble être un phénomène évolutionniste : il est plus important pour la survie de l'enfant d'émettre des signaux lorsque celui-ci est en difficulté que lorsqu'il ne l'est pas. (Se référer à la seconde partie du livre pour de plus amples détails sur les signaux individuels.)

COMPRENDRE LA SIGNIFICATION DES SIGNAUX

Lorsque notre fils est né. Parfois, je parvenais à comprendre parfaitement ses humeurs et ses expressions, mais souvent j'avais beaucoup de mal à savoir précisément ce qu'il essayait de nous dire. Au fur et à mesure qu'il grandissait, les choses semblaient parfois encore plus confuses et plus complexes. Mais alors que je commençais à en apprendre un peu plus sur ces neuf signaux et sur les émotions qu'ils traduisent, les choses semblèrent reprendre leur place.

Vous devriez vivre la même expérience. Lorsque vous ramenez votre bébé à la maison, vous comprenez, très facilement, qu'il est fatigué ou a faim lorsqu'il plisse le front, pousse un petit cri plaintif ou vous regarde en fronçant les sourcils avec la bouche tournée vers le bas. Vous verrez qu'il exprime la joie par un sourire et un pétillement dans les yeux. Mais en grandissant, ces sentiments deviennent plus compliqués. « J'ai faim » et « Je suis fatigué » ne sont plus les deux messages principaux. Il commencera à utiliser des signaux pour exprimer tout ce qu'il ressent, de la curiosité à la déception, de la colère à l'amour. Et ces signaux-là pourraient s'avérer plus difficiles à déchiffrer.

Heureusement, des recherches sérieuses ont été menées afin de savoir comment ces signaux sont exprimés et ce qu'ils signifient. Le visage de l'homme – bébé et adulte –, qui comprend plus de vingt-cinq muscles différents, est le théâtre de l'échange de ces signaux. Des scientifiques, à l'aide d'un film ultrarapide, de scanners du cerveau et autres méthodes, ont identifié des gestes, des expressions et des sons spécifiques associés à chaque signal. Les études menées sur les bébés démontrent que ces derniers, dès la naissance, préfèrent le visage plutôt que tout autre stimulus. Et sur ce visage, ils vont plutôt se concentrer sur la région des yeux et sur la bouche. Les bébés sont programmés pour rechercher ces expressions. Une vive controverse scientifique existe toujours quant au nombre exact et à la nature de ces signaux. Pour les besoins de ce livre, nous nous concentrerons sur les neuf principaux :

L'intérêt : sourcils légèrement abaissés ou relevés, regard et écoute concentrés ; bouche quelquefois légèrement ouverte.

La joie : grand sourire, lèvres bien écartées et étirées sur les joues.

La surprise : sourcils relevés, yeux grands ouverts et battements des paupières, et bouche en forme de « o ».

Le désarroi : pleurs, sourcils arqués, bouche aux commissures tombantes, larmes et sanglots réguliers.

La colère : froncement de sourcils, petits yeux, mâchoires serrées et visage rouge.

La peur : yeux grands ouverts et statiques, peau pâle, froide et en sueur, visage tremblant et cheveux dressés sur la tête.

La honte : paupières baissées, perte du tonus musculaire au niveau du visage et du cou qui fait pendre la tête.

Le dégoût : lèvres et langue en avant.

La répulsion : lèvre supérieure et nez retroussés et tête tournée sur le côté.

De plus, chacun de ces signaux peut fonctionner selon un crescendo : de l'intérêt à l'excitation, de la joie au plaisir, de la surprise au sursaut, du désarroi à l'angoisse, de la colère à la rage, de la peur à la terreur, de la honte à l'humiliation. En observant votre enfant jour après jour, vous verrez de quelle façon ces signaux peuvent s'intensifier. Par exemple, le signal de désarroi peut signifier : « Je suis fatigué et j'ai faim. » Mais une simple faim, exprimée modérément, peut se transformer en angoisse si vous ne comprenez pas et ne répondez pas judicieusement et immédiatement.

Non seulement les signaux restés sans réponse peuvent s'intensifier mais ils peuvent aussi quelquefois se transformer en d'autres signaux. Par exemple, si l'intérêt et la joie sont dépréciés ou totalement ignorés, ils peuvent déclencher un sentiment croissant de honte. (« Il doit y avoir quelque chose qui ne va pas chez moi si j'apprécie ce que dit Maman alors que c'est négatif. ») Si le désarroi s'intensifie, il se transforme en angoisse ; et si l'angoisse s'amplifie, elle conduit à la colère.

Des études neurologiques ont émis l'hypothèse qu'un enfant exprime un signal plutôt qu'un autre parce que la vitesse ou la quantité des différents stimuli – comme la faim, un joli ballon, ou un bruit violent – produisent différents styles de bombardement neuronal et sollicitent différentes parties du cerveau. Par exemple, un stimulus avec un départ relativement soudain, comme un grand bruit, activera naturellement une réponse « surprise – sursaut » ; si la stimulation n'a pas un départ aussi brusque, c'est la peur qui est activée. Et si le départ du stimulus est encore moins rapide, c'est l'intérêt qui sera exprimé. En revanche, tout stimulus provoquant une augmentation continue du niveau de bombardement neuronal, comme un bruit violent incessant, active automatiquement un cri de détresse ; si le bruit est continu et encore plus fort, il active la colère. Et inversement, toute diminution soudaine de stimulation active naturellement un sourire de joie (voir les figures 1 – 3 dans les graphiques de l'annexe).

Les affects de honte, de dégoût et de répulsion opèrent de façon légèrement différente. Les bébés ont tendance à exprimer la honte un peu plus tardivement. La honte implique l'absence d'une réponse de confirmation. Elle n'opère qu'après les signaux d'intérêt et/ou de joie – et vient empiéter sur l'un ou sur l'autre ou même sur les deux. De plus, la honte, la timidité, la culpabilité et le découragement peuvent avoir un noyau identique, même si plus tard l'enfant les ressent de façon quelque peu différente. La honte est un sentiment d'infériorité, la timidité répond au côté étrange de l'autre, la culpabilité répond à une transgression morale et le découragement à une défaite temporaire. La honte semble également intimement liée à l'amour-propre. De nombreux chercheurs spécialisés dans le développement de l'enfant suggèrent qu'un développement sain du moi et de l'amour-propre entraîne la validation des affects positifs de l'intérêt et de la joie ainsi qu'un sens grandissant de la compétence. L'emploi excessif et inapproprié de la honte entrave les signaux d'intérêt et de joie et détruit l'amour-propre.

Le dégoût et la répulsion sont considérés comme des réponses de survie, destinées à protéger l'enfant de la nourriture et des odeurs toxiques. Le dégoût est lié au goût et au système gastro-intestinal ; nausées et vomissements peuvent aider le corps à se débarrasser des substances dangereuses. La répulsion, quant à elle, implique le système olfactif, avec les manœuvres fuyantes typiques de la petite enfance. La première réponse de mise en garde par le nez est la répulsion ; puis la suivante, par la bouche ou l'estomac, est le dégoût. Plus tard, ces signaux sont liés psychologiquement au rejet et au mépris. Des expressions telles que « cela laisse un goût amer dans la bouche » ou « cela ne sent rien qui vaille » traduisent le lien qui existe entre les affects physiologiques de dégoût/répulsion et les affects psychologiques de rejet et de mépris.

Il est également important de noter que ces neuf signaux n'opèrent pas isolés de tout contexte. Ils peuvent déclencher d'autres signaux et avoir une action réciproque l'un sur l'autre. Par exemple, un sentiment excessif de désarroi, de peur ou de honte peut provoquer la colère ; et l'interruption de l'intérêt peut conduire au désarroi puis à la colère.

3

Répondre aux signaux de votre bébé : les cinq clés

Vous parlez de pleurs – Pauline pleurait beaucoup. Quelquefois, j'avais l'impression qu'elle ne s'arrêtait pas. Autrefois, ils auraient dit qu'elle avait des coliques ; aujourd'hui, ils mettent en cause toutes sortes de problèmes liés aux allergies, à la nourriture, à l'exposition à la fumée. Elle pleurait tellement qu'il était impossible de savoir ce qu'elle voulait ou ce dont elle avait besoin. Ce n'est qu'à l'âge de 3 ou 4 mois que ses pleurs ont cessé. Nous étions toutes les deux complètement épuisées. J'ai trois autres enfants, âgés de 8, 4 et 2 ans et c'est parfois très dur. Avec Pauline, qui a maintenant 6 mois, je dois faire un effort pour lui accorder toute mon attention lorsqu'elle pleure ou s'agite. J'avais tendance à l'ignorer un peu. Mais maintenant qu'elle grandit, je la console, je peux en fait la réconforter. Je dois juste apprendre à ne pas vouloir baisser le son lorsqu'elle commence à augmenter le volume. Je dois me souvenir qu'elle m'envoie un message et je dois essayer de le déchiffrer. Est-elle fatiguée ? Malade ? A-t-elle faim ? Est-elle inquiète ? En ce moment, je comprends assez bien ce qu'elle veut me dire. Et quelquefois, mes autres enfants sont d'une aide considérable.

Marie, 40 ans, mère de quatre enfants

Bien que la seconde partie du livre explique plus en détail chacun des neuf signaux, prenons malgré tout le temps de parler du processus qui consiste à comprendre leur signification et à leur répondre. Se sentir à l'aise avec les signaux que vous envoie votre enfant procure d'énormes avantages : cela vous aide tous les deux à établir une bonne relation, cela aide votre enfant à développer la faculté de réguler la tension et cela augmente les sentiments de bonheur et de sécurité. Cela peut également prévenir toutes sortes de problèmes et accroître le potentiel de votre enfant.

Pour pouvoir percevoir les signaux de votre bébé et y répondre, il faut tout d'abord que vous sachiez qu'il possède ces signaux et qu'il essaie de communiquer. Ensuite, vous devez mentalement intégrer le message de votre bébé à votre compréhension, à votre expérience passée, etc., pour pouvoir déchiffrer l'éventuelle signification du signal – c'est-à-dire la signification du message qui a été envoyé. Et, pour finir, ce processus prévoit une réponse de l'adulte.

Écouter, comprendre et répondre

Vous avez peut-être déjà vécu ce genre d'expérience : Bébé commence à s'agiter alors que vous êtes en train de faire la lessive, de parler au téléphone, de préparer le repas ou de prendre une douche. Votre réaction peut être différente selon le jour – tout dépend de votre humeur, de l'attention que vous portez à ce qui se passe, des pressions extérieures ou tout simplement d'un état d'extrême fatigue. Mais imaginons que vous finissiez par dire : « Je parle à Mamie, mon chéri, je viens dans une minute. » Le bébé se calme au son de votre voix et vous reprenez votre conversation. Ce n'est pas la solution. Très vite, le bébé recommence de plus belle. Vous pensez qu'il est malheureux de ne pas être le centre de votre attention à ce moment précis et qu'il peut patienter encore une minute ou deux. Vous ne lui parlez pas cette fois-ci et vous préférez changer de pièce pour pouvoir téléphoner tranquillement. Soudain, Bébé se lance dans un hurlement de grande envergure à en perdre le souffle. Vous êtes agacée et le bébé en colère. Vous raccrochez et vous vous précipitez pour voir ce qui se passe. Ce n'est pas facile de le calmer maintenant. Vous êtes vexée et contrariée. Bébé aussi. Vous essayez un biberon ; vous vérifiez sa couche, vous le promenez dans toute la pièce, vous lui montrez les peluches. Vous essayez de comprendre quels signaux envoyait le bébé et pourquoi. Et souvent, il n'y a personne pour vous encourager, pour vous apporter une tasse de café ou pour vous dire des choses gentilles à l'oreille. Vous devez vous calmer.

En fait, tout cela est arrivé parce que, quand Bébé a signalé : « Hé ! Je suis là. Où es-tu ? », vous avez ignoré la question et avez essayé de prétendre qu'il ne vous disait rien. Imaginez que ce soit votre mari ou votre ami qui vous appelle. Si vous l'ignorez complètement au lieu de lui répondre, il risque de se fâcher et de se sentir à l'écart. Même chose pour le bébé.

C'est pourquoi, même quand il vous semble que vous ne pouvez pas avoir de moment à vous, et que trop c'est trop, vous et votre bébé serez moins stressés et plus attentifs l'un envers l'autre si vous répondez judicieusement. Pourquoi ne pas dire à la personne à l'autre bout du fil : « Je vais voir ce qui se passe avec le bébé ; j'en ai pour une minute. Ne quitte pas. » Puis, si vous devez lui changer la couche ou le prendre dans vos bras, vous dites à cette personne : « Je dois filer. Je te rappelle dès que je peux. » Vous serez peut-être frustrée de ne pas pouvoir terminer votre conversation, mais vous pouvez être certaine que votre vie sera beaucoup moins frustrante si vous vous occupez de Bébé de manière opportune.

Cela dit, je ne veux pas dire que vous ne devez jamais, et à aucun moment, répondre lentement aux signaux de votre enfant. Un manque de communication occasionnel ou l'inévitable frustration qui en résulte ne peut pas faire de mal – au contraire, « une dose » de frustration peut être tout à fait bénéfique. Le problème, c'est de ne pas mettre trop de temps à répondre pour ne pas traumatiser le bébé. Un jour ou l'autre, tout enfant ou adulte rencontre la frustration ; elle fait partie de la vie et savoir lui faire face est nécessaire au bon développement psychique. Il est donc inutile d'être trop inquiète, au point de vous précipiter pour diminuer la moindre frustration ou de refuser à l'enfant une chance de la surmonter tout seul. Mais si, toutefois, vous choisissez l'inattention ou si vous laissez la frustration devenir traumatisante, vous risquez d'entraîner des répercussions négatives à plus long terme. N'oubliez pas : même si les bébés sont souvent déterminés, ils peuvent être très fragiles lorsqu'il s'agit d'émotions naissantes. Une incompréhension occasionnelle provoque rarement des dégâts irréparables, mais une incompréhension répétée peut engendrer de sérieux problèmes. Si votre enfant trouve que vous manquez ou ignorez régulièrement les signaux qu'il vous envoie ou si vous ne leur répondez pas correctement, il aura beaucoup plus de difficultés à développer un sens positif du moi. De plus, passer du temps avec votre bébé lui fait comprendre qu'il est intéressant et aimé et accroît son sentiment intérieur d'être précieux et important.

La correspondance musicale

Le bébé gazouille et arrive ainsi à communiquer ses émotions. C'est le début d'une conversation. La mère a la capacité à lire l'état émotionnel du nourrisson et propose une attitude qui reprend un trait de cette attitude. Prenons cet exemple : si le bébé émet une lallation qui indique clairement qu'il est de bonne humeur, la mère va lui renvoyer la même lallation, avec la même tonalité et le même contenu émotionnel - la bonne humeur. Elle reprend ainsi les sons et même les mimiques de son bébé en miroir et elle les accentue en rajoutant d'autres moyens d'expressions de la même humeur. Par exemple, elle pourrait chatouiller le bébé ce qui va le faire rire. Tant que le bébé ne parle pas, la mère et son bébé se retrouvent ainsi en quelque sorte en correspondance musicale. À travers ce mode de communication la mère et le bébé communiquent ensemble et transmettent leur état émotionnel respectif. Reprendre les signaux du bébé en écho est très important. Car avoir accès à l'information sur les signaux émis, aide le bébé à s'auto-investir. Il comprend le sens de ce qu'il extériorise.

LES CINQ CLÉS POUR FAIRE DE SON ENFANT UN ÊTRE HEUREUX, CAPABLE ET RESPONSABLE

Dans ce livre, je fais souvent référence à cinq clés qui interviennent dans le développement de l'enfant et qui ont récemment été découvertes lors d'études scientifiques. Les quatre premières concernent directement les signaux et donnent une brève idée de ce que doivent faire les parents pour mieux communiquer avec leur enfant. La cinquième traite plus particulièrement de la relation parents-enfant. Ces cinq clés sont : (1) encourager, dans la limite du raisonnable, l'expression de tous les signaux, qu'ils soient positifs ou négatifs ; (2) maximiser les signaux de plaisir – intérêt et joie ; (3) être attentif aux signaux de détresse et y répondre quel que soit le facteur déclencheur ; (4) mettre des mots sur les signaux dès que possible et un nom sur les émotions. La cinquième est de réaliser que votre enfant souhaite vous ressembler à tout prix.

Étudions chacun de ces points en détail.

CLÉ n°1 Permettre, dans la limite du raisonnable, l'expression de tous les signaux

Permettre et encourager l'expression des signaux de plaisir ainsi que des signaux de détresse est peut-être la clé la plus importante pour établir une bonne communication avec votre enfant et veiller à son bon développement psychique.

Les signaux de plaisir – intérêt et joie – sont des signaux positifs. Si vous et votre enfant êtes en mesure de découvrir ce qui l'intéresse, et si vous pensez tous les deux que ses intérêts sont importants, votre bébé a une meilleure chance de se comprendre lui-même, d'apprécier son potentiel et, pour finir, de trouver un but enrichissant dans la vie auquel il peut se consacrer à cent dix pour cent.

Vous pouvez encourager et renforcer ses signaux positifs en observant et en validant ce qui stimule l'intérêt ou la joie de votre enfant ainsi qu'en créant diverses occasions de lui offrir d'autres activités et expériences similaires dans la journée. Par exemple, lorsque vous lui tendez sa peluche préférée, vous pouvez lui dire : « Comme il est beau, ton nounours ! » Lorsque vous êtes sur l'aire de jeux, vous pouvez accroître son plaisir en lui disant : « Comme c'est amusant de se balancer. Hou hou... ! » S'il regarde un livre, faites en sorte de prendre le temps de le lire avec lui avant de le mettre au lit.

Les signaux de détresse – le désarroi, la colère, la peur, la honte, le dégoût et la répulsion – sont des signaux négatifs. Encourager leur expression permet au bébé de demander de l'aide et d'en recevoir lorsqu'il en a besoin. Ce système d'expression et de réponse valide les sentiments internes de l'enfant et l'aide à comprendre comment maîtriser le désarroi et la tension. L'un des premiers messages positifs à transmettre à votre enfant est de lui faire comprendre qu'il est arrivé dans un monde où il est possible d'exprimer ses émotions, qu'elles soient positives ou négatives.

Quelquefois, les parents essaient d'aider leur enfant à surmonter son désarroi en lui disant : « Courage ! » ou « Serre les dents ! ». Ça ne lui est d'aucune aide. Par exemple, si Manon prend peur et se met à pleurer lorsqu'un chien s'approche d'elle et que son papa lui dit : « Arrête de pleurnicher » ou « Ce chien ne va rien te faire », il est en train de lui dire que ce qu'elle ressent n'est pas justifié. Manon, elle, pense très fort qu'elle a une bonne raison d'être terrifiée – le chien est énorme et imprévisible. Si son père rejette ce sentiment, Manon va douter de sa perception, de l'exactitude de ce qu'elle croit être une évaluation réelle de sa situation, ce qui, ensuite, pourrait ébranler son assurance et son amour-propre. De plus, en rejetant ce signal de détresse, son papa lui dit qu'il ne la protégera pas même si elle le lui demande franchement. Le signal de peur de Manon est, en fait, son seul moyen de demander une aide immédiate. En refusant cette assistance, le père remet en question le sens de sécurité de sa fille et de sa confiance en lui.

Même si un signal a besoin d'être canalisé, comme lorsque le signal d'intérêt de votre enfant s'exprime en tirant l'oreille du chien, vous devez le reconnaître et l'encourager. « Dis donc, ce chien est vraiment magnifique », direz-vous en éloignant doucement la main de l'enfant du chien. « Il faut le caresser doucement. » Ou, autre exemple, votre enfant peut exprimer son intérêt en sortant les casseroles du placard. Si vous n'êtes pas d'accord avec ce geste, la meilleure solution est de ne pas décourager l'intérêt mais de lui donner un autre exutoire. Substituez un autre jouet aux casseroles ou mettez quelques jouets dans un sac en papier pour que l'enfant puisse les sortir au lieu de vider le placard.

Supprimer l'expression d'un signal, qu'il soit positif ou négatif, n'est pas la chose à faire si l'on veut un enfant sain et sous contrôle. Si l'on n'encourage pas les enfants à exprimer leur intérêt pour ce monde et le plaisir qu'ils ressentent, leurs qualités et leurs capacités pourraient s'en trouver restreintes. Les enfants qui sont obligés d'étouffer leurs signaux négatifs de détresse peuvent développer des sentiments grandissants d'incompréhension, de rage, d'humeur maussade, de repli sur soi et/ou de déprime.

En termes techniques, la clé n° 1 peut se résumer à : minimiser l'inhibition des affects.

CLÉ n°2 Maximiser les signaux d'intérêt et de joie

Non seulement vous voulez permettre à votre enfant d'exprimer toute une gamme d'émotions en utilisant les signaux, mais vous souhaitez surtout maximiser les signaux d'intérêt et de joie. Vous pouvez le faire en observant ce qui plaît à votre enfant – les livres, les animaux, les casseroles – et en recherchant les occasions de répéter ces activités plaisantes. Même si vous pensez que ce qu'il aime est perturbateur, ne le rejetez pas. Si vous souhaitez modérer son intérêt, faites-le en précisant à votre enfant que vous appréciez le fait qu'il soit intéressé et qu'il passe un bon moment. Par exemple, imaginons que votre enfant saisisse un livre ou un magazine et qu'il commence à arracher les pages. Si le livre ou le magazine est sans valeur, prenez le temps d'observer comment le son, le contact, l'odeur des pages et l'action de déchirer fascinent votre enfant ; ou demandez-vous s'il n'imite pas son père en train de déchirer quelque chose dans le journal. Puis faites savoir à votre enfant que vous reconnaissez et comprenez son intérêt : « Ce magazine est formidable, tu ne trouves pas ? Les images sont magnifiques et le papier est très beau. » Si vous voulez le retirer à votre enfant pour qu'il reste en un seul morceau, donnez-lui une autre feuille de papier à la place en disant : « Ce magazine ne doit pas être déchiré, mais voici une jolie feuille de papier avec laquelle tu peux jouer autant que tu veux. » Je me souviens d'une mère qui avait trouvé son jeune fils en train de mettre des céréales dans un livre, de les écraser, puis d'ouvrir le livre d'un air ravi en regardant la poudre s'en échapper. Sa première réaction ? « Oh mon Dieu ! Mais qu'est-ce que tu fais ? Quel chantier ! » Les lèvres inférieures du petit garçon commencèrent à trembler puis ses yeux se remplirent de larmes. C'est alors que sa mère « comprit » ! « Oh, c'est bien trouvé ! Ça fait un drôle de bruit... et le résultat est super ! Pulvériser ces céréales. Tu veux continuer encore un peu ? D'accord... on va prendre ce vieux livre, ces céréales, on va enlever tes chaussures et tu vas t'installer dans un endroit facile à nettoyer... la baignoire ? Dehors sous la véranda ? » Le petit garçon s'est amusé comme un fou et la mère a eu l'occasion (avec le temps et l'envie de le faire) de lui enseigner un peu de physique : utilisation de la force, passage d'une forme à une autre, etc. De plus, ce genre d'activité peut avoir une importance psychologique pour l'enfant. En d'autres termes, ce qui touche au « jeu » peut être lié à certains sentiments ou désirs de ressembler à sa mère (pharmacienne) ou à son père (chimiste).

Votre enfant a peut-être choisi de renverser une boîte pleine de trombones sur le sol. Plutôt que de la lui enlever brusquement des mains et de le réprimander pour avoir mis une telle pagaille, donnez-lui des limites, établissez une règle et dites-lui que vous appréciez son désir d'explorer et de s'intéresser à ce qu'il voit. Prenez le temps de lui dire : « Hé, qu'est-ce que tu as trouvé ? Ce sont des trombones. Ils sont drôles, non ? Viens, je vais te montrer comment on les remet dans la boîte. Tu sais, ils sont trop petits pour que tu joues avec. Tu pourrais les avaler. Remets-les dans la boîte et joue plutôt avec ce jouet-là. » Cela vous permet de protéger votre enfant tout en lui faisant comprendre que vous êtes à son écoute et que vous voulez l'aider à découvrir et comprendre le monde qui l'entoure. Le bébé comprendra l'importance de ce que vous dites, même s'il ne saisit pas la signification exacte des mots. Et ne vous inquiétez pas si ce qui l'intéresse – un bâton, un pot, un petit morceau de papier, une plume – ne vous semble pas très logique. Ces objets ont attiré son attention et c'est tout ce que vous devez retenir.

Techniquement, la clé n° 2 se résume par : maximiser les affects positifs.

CLÉ n° 3 Supprimer les facteurs déclencheurs du désarroi

Non seulement vous voulez maximiser les signaux positifs d'intérêt et de joie, mais vous souhaitez également agir judicieusement lorsque votre enfant vous envoie des signaux de détresse. Il s'en remet à vous pour sa protection. Lorsque quelque chose le contrarie, vous reconnaissez en premier lieu la validité du sentiment qui l'anime et vous exprimez votre compassion. Mais ensuite vous aimeriez supprimer la cause de ce désarroi et diminuer l'angoisse de votre enfant. Les bébés et les enfants en bas âge signalent essentiellement le désarroi quand ils ont faim, sont fatigués, malades, ont mal ou veulent qu'on change leur couche. Lorsqu'un bébé pleure car sa couche est mouillée, le problème est simple : il faut le changer rapidement. Mais d'autres situations sont souvent plus difficiles à négocier. Imaginons que votre enfant se mette à pleurer chaque fois qu'il croise quelqu'un avec des lunettes. Vous êtes alors contrarié ou embarrassé par sa réaction. Vous essayez même d'ignorer la situation ou de rejeter la contrariété. En faisant cela, vous dites à votre enfant que vous ne comprenez pas et que vous ne validez pas son signal de détresse. Sa réaction peut alors s'intensifier. En fait, les lunettes peuvent déformer le visage et les yeux de quelqu'un, et cette déformation peut être très perturbatrice pour les bébés et les enfants en bas âge qui prennent les expressions du visage comme moyen de communication. Vous pouvez peut-être alors prendre l'enfant et le détourner de cette personne, demander à cette dernière d'enlever ses lunettes ou émettre la possibilité que votre enfant puisse les examiner.

La phrase technique pour la clé n° 3 est alors : minimiser les affects négatifs (les causes et non les expressions).

CLÉ n°4 Utiliser des mots pour exprimer les signaux, même avec les nouveau-nés

Avant que les enfants comprennent tout ce que vous leur dites, vos mots, votre intonation, vos gestes et votre expression vous aident à vous faire comprendre. En parlant à votre enfant, vous reconnaissez sa présence en tant qu'individu distinct – une étape importante dans la construction du sens du moi. De plus, en nommant les situations et les signaux, vous montrez à votre enfant comment utiliser les mots en tant que substituts d'actions manifestes. Il comprendra alors qu'il est inutile de hurler de façon incohérente alors qu'il peut communiquer avec précision ce qu'il pense et ce qu'il ressent à l'aide de quelques mots bien choisis. En fait, lorsque la personne qui s'occupe de lui met des mots sur ses sentiments, cela aide le jeune cerveau à développer de nouveaux moyens de traiter l'information et les émotions. La communication préverbale se développe pour arriver à l'expression verbale. Et lorsque vous apprenez à votre enfant à identifier les émotions et à trouver le moyen de les exprimer verbalement, vous posez les bases d'une bonne régulation de la tension. Lorsque les enfants sont capables, très tôt, d'exprimer leurs émotions verbalement, ils évitent de nombreuses frustrations car ils sont en mesure de négocier leurs intérêts et leurs besoins.

Vous pouvez aider votre enfant à se sentir à l'aise en utilisant des mots pour exprimer les émotions, c'est-à-dire en *nommant les signaux* au fur et à mesure qu'il les utilise. Par exemple, lorsque votre bébé pleure parce qu'il a faim, ne vous contentez pas de lui donner à manger, prenez le temps de lui parler : « Je t'entends, mon chéri. Tu as faim ? Je vais te donner à manger. » Lorsque votre bébé sursaute au bruit d'un klaxon, vous pouvez lui dire : « C'était un bruit terrible. Tu as eu très peur ! » Lorsque votre enfant s'amuse sur une balançoire, vous pouvez lui parler pour renforcer cette expérience positive. Vous pouvez utiliser des sons comme « Hou... » ou dire : « Tu t'amuses bien, non ? » Cela valide les sentiments de l'enfant mais également met des mots sur diverses sensations physiques.

Vous pouvez donner à votre enfant toute une série de mots pour toutes sortes d'émotions : joyeux, stupide, hargneux, grincheux, furieux, exubérant, enthousiaste, attendrissant, fatigué... Si vous utilisez ces mots pour identifier des humeurs et des émotions, ils trouveront leur chemin dans le discours de l'enfant lorsqu'il apprendra à parler. Une maman, qui savait très bien nommer les émotions naissantes de son fils, m'a raconté cette histoire : « Lorsque Thomas était en maternelle, vers 5 ans, il avait une institutrice qui était parfois lunatique. Nous avions peur qu'elle soit un peu dure avec les enfants, alors nous l'avons changé de classe. Avant cela, je dois avouer qu'il se débrouillait très bien. Un jour, il est rentré à la maison et m'a dit : "Maman, tu ne vas pas me croire, Mme Duval était si hargneuse aujourd'hui !" Je sais qu'être capable d'exprimer sa perception de l'humeur de son institutrice l'aidait à faire face. Il n'avait pas l'air de se sentir persécuté. »

CLÉ n°5 Être conscient du désir de l'enfant de vous ressembler

Les bébés et les enfants en bas âge veulent ressembler à Maman et à Papa. Pour votre enfant, vous êtes l'univers – la force qui façonne son sens naissant du moi et qui lui apprend comment se comporter. Des recherches approfondies ont démontré la puissance de ces schémas précoces d'identification. Lorsqu'il s'agit d'aider votre enfant à apprendre à réguler sa tension nerveuse ou à bien se comporter, l'identification est votre outil majeur (voir chapitre 7).

Si votre enfant de 2 ans s'écrie « zut ! » en tombant, il a probablement entendu Maman ou Papa prononcer ce mot dans une situation semblable. Même avant de savoir parler, les enfants absorbent ce genre de message – et bien d'autres qui sont beaucoup moins évidents. Si vous réagissez aux signaux de colère de votre enfant par l'agitation et la colère, votre enfant va penser que c'est la réponse appropriée. Il va apprendre que la colère appelle encore plus de colère. Le résultat ? Un enfant qui s'énerve de plus en plus au fur et à mesure que les émotions s'intensifient.

Les parents qui sont calmes et qui savent maîtriser leurs propres émotions apprennent à leurs enfants à moduler également les leurs. Prenons un exemple : Sonia, un bébé de 12 mois, trottinait allègrement vers la télévision pour admirer tous les fils et les prises fascinantes qui se cachaient derrière. Son père l'aperçut et lui dit tranquillement : « Sonia, ces fils peuvent te blesser s'ils sont branchés. Ils sont remplis d'électricité. Regarde, je vais te montrer comment cela fonctionne avec une rallonge qui n'est pas branchée. Ou alors, on peut jouer avec ce joli ballon. » Sonia s'éloigna des fils et se dirigea vers son père qui lui expliqua comment fonctionnaient les fils et l'électricité à l'aide de la rallonge débranchée. Puis elle décida d'aller jouer avec le ballon. « Merci de ne pas jouer avec ces fils, Sonia. Je t'aime », dit son papa. Le père de Sonia est intervenu de différentes façons : il a parlé à sa fille d'une voix calme, en lui expliquant que les fils étaient dangereux. Sans comprendre tous les mots, elle a compris la signification et le ton de sa voix. De plus, elle a été exposée au processus important qui consiste à utiliser des mots plutôt que l'action pour exprimer les idées et les sentiments. Papa était insistant, mais au lieu de s'emporter et de crier, il a calmement communiqué les émotions avec des mots. Il a également offert à Sonia une autre source de stimulation – le ballon. Pour finir, il a utilisé un renfort positif (« Merci. Je t'aime ») pour provoquer et récompenser un changement de comportement. C'est beaucoup plus efficace qu'un renfort négatif ou une punition. Toutes les actions et réactions du père donnent à Sonia des leçons précieuses qui l'aideront à devenir une adulte agréable, calme et en harmonie avec ses émotions.

D'AUTRES FAÇONS DE FAIRE FACE AUX SIGNAUX

Lorsque c'est le moment de répondre judicieusement aux signaux de l'enfant, les parents peuvent utiliser quelques raccourcis. Voici quelques solutions, dont l'efficacité a été prouvée, pour réussir à s'en sortir ensemble, même si vous êtes au bout du rouleau.

Essayer la diversion. Si vous voulez que votre bébé ou votre jeune enfant mette un terme à ce qu'il est en train de faire, proposez-lui autre chose tout aussi fascinant. Vous ne voulez pas qu'il mette le journal en morceaux sur le sol (et qu'il le mange) ? Présentez-lui un livre (un de ces livres pour enfants totalement indestructibles que l'on trouve actuellement sur le marché) ou changez complètement de sujet en lui apportant son jouet favori ou en l'emmenant dans une autre pièce.

Donner des choix. Si vous voulez que votre enfant soit habillé chaudement, faites-le choisir entre un manteau chaud ou plusieurs chemises épaisses. Cela lui donne la sensation de contrôle et d'indépendance et l'aide à développer son goût. Mais ne lui proposez pas trop de choix – ce qui pourrait engendrer confusion et indécision. Le but est de trouver le juste équilibre.

Favoriser, dans la mesure du possible, les récompenses plutôt que les punitions. Apprendre à un enfant à bien se comporter peut être une expérience positive pour l'enfant et pour les parents ; c'est amusant d'aider son enfant à grandir et l'enfant ressentira beaucoup de fierté et de joie lorsqu'il fera « correctement » les choses et qu'il attirera vos compliments.

Chaque fois que votre enfant vous écoute et fait ce que vous lui demandez, remerciez-le et dites-lui à quel point vous êtes fier de ce qu'il a fait. « C'est super ! Merci d'avoir reposé le couteau sur la table. » « Regarde comme c'est plus joli par terre quand on ramasse tes livres. Je te remercie de m'avoir aidé à les poser sur la table. » Ces simples expressions d'approbation aideront beaucoup plus votre enfant à apprendre les principes que vous essayez de lui transmettre que toute sorte de punition.

En comprenant mieux la signification et le but des neuf signaux, vous sentirez votre conception de la punition évoluer. Ce thème sera abordé plus en détail dans le chapitre 20. Je tiens toutefois à insister sur le fait que la critique et les coups (la fessée) pour modifier le comportement de l'enfant, c'est probablement parce qu'on est à court de solutions. Il faut alors prendre le temps de trouver d'autres moyens de régler les conflits. Et souvenez-vous, l'utilisation de la peur et de la honte pour motiver l'enfant peut marcher à court terme, mais, à long terme, le tribut sera lourd à payer pour votre enfant et pour votre relation.

Donner à son enfant une tape sur la main parce qu'il a pris le couteau et il n'apprendra pas ce qu'est un couteau ou ce que l'on fait avec « Repose-le sur la table » ou « Ne le touche pas du tout ». Ce qu'il va apprendre en revanche, c'est que, s'il exprime de l'intérêt pour quelque chose que ses parents n'aiment pas, il va se sentir mal. Soit il hésitera à exprimer ses propres intérêts (ce qui nuira à son apprentissage et à son bonheur), soit il comprendra qu'il vaut mieux qu'il fasse les choses qu'il aime loin de vous. En faisant passer ce message pendant une dizaine d'années ou plus, il y a de fortes chances qu'on aura plus tard un adolescent complètement replié sur lui-même.

Une critique constante – même si elle n'est pas suivie de punition – détruit également l'assurance. Les enfants sont généralement sensibles. Ils sont facilement anéantis par des sentiments d'échec et de honte lorsqu'on ne cesse de leur répéter qu'ils ne sont pas à la hauteur des attentes de leurs parents. Si vous n'appréciez pas ce que fait votre enfant, essayez de faire appliquer les règles en donnant l'exemple et d'enseigner la maîtrise de soi en maîtrisant vous-même vos émotions.

ET S'IL DEVIENT UN ENFANT GÂTÉ ?

Certains parents craignent qu'en permettant à un enfant d'être trop enthousiaste ou d'exprimer sa colère ne le transforme en enfant gâté. J'insiste sur le fait que tout ce que vous pouvez faire pour provoquer un sourire, de l'enthousiasme ou de la joie chez un enfant, faites-le ! Et tout ce que vous pouvez faire pour que votre enfant comprenne que les sentiments de colère ou de tristesse sont légitimes et méritent votre attention, faites-le !

La vie apportera bien assez tôt son lot de frustrations et de chagrin. Les parents ne doivent pas être à l'origine de ces problèmes. Ce n'est tout simplement pas adapté de dire à un enfant : « Tu dois retenir cette leçon, mon coco. La vie n'est pas belle et elle est souvent très dure. » Ce n'est pas lui rendre service que d'apprendre à un enfant les durs coups de la vie – alors qu'il faudrait justement l'en protéger. Les enfants forts, enjoués et optimistes sont issus de familles où les parents les protègent de la frustration et de la tristesse tout en encourageant l'expression des sentiments. La vraie force naît de la compétence et d'un sens du moi raisonnablement positif – deux qualités qui se développent lorsque les enfants sont autorisés à exprimer librement tous leurs sentiments tout en étant guidés vers les émotions positives.

Aider son enfant à développer la régulation de la tension

Permettre à votre enfant d'exprimer en toute liberté les neuf signaux ne veut pas dire que vous n'avez plus aucun contrôle. En fait, ce procédé vous permet de jouer votre rôle de parent et d'assurer à votre enfant un développement psychique sain.

Vous pouvez guider votre enfant vers le comportement que vous souhaitez tout en faisant judicieusement face aux signaux qu'il vous envoie. Par exemple, à un moment donné, tout parent doit interrompre les signaux d'excitation ou de colère de son enfant. Tout en lui permettant d'exprimer raisonnablement ses émotions, vous devez intervenir lorsqu'il a besoin de se calmer. Des accès incontrôlés, marqués par des coups de pied, des morsures ou des jets d'objet, traduisent très souvent la détresse ou la colère. Mais s'ils sont continuels, ils devront être contenus et maîtrisés ainsi que nommés. Vous voulez lui apprendre à réguler sa tension – c'est-à-dire à pouvoir moduler ses sentiments et contrôler ses hauts et ses bas émotionnels à la fois intérieurs et en interaction avec autrui – et non pas à la cultiver. Donc, si votre enfant s'énerve un peu trop, essayez d'utiliser des phrases telles que : « Ce nouveau jouet est très amusant, n'est-ce pas ? », « C'est super, tu es vraiment très content ! », « Ce gros bruit t'a fait très peur ! Viens, je vais te faire un câlin jusqu'à ce que tu te sentes mieux », « Je suis désolée que tu te sois fait mal ; ce n'est pas très agréable ! Ça va mieux maintenant ? ». Ces phrases réconfortantes font descendre d'un cran les émotions et apprennent à votre enfant à réguler ses propres émotions. Quelquefois, vous devrez porter votre enfant ou le faire sortir de la pièce. Mais la gestion pertinente de situations bien précises n'entravera pas le développement émotionnel de votre enfant.

D'un autre côté, l'emploi de la honte ou la suppression des sentiments n'aide pas votre enfant à apprendre à réguler ses émotions intenses. « Arrête de sauter partout ! – calme-toi ! Tu as l'air ridicule ! », « Arrête de pleurnicher – ça ne t'a pas fait si mal que ça. Essaie de te contrôler ! » : si vous dites ce genre de choses alors que votre enfant s'inquiète de plus en plus, vous ne ferez qu'augmenter sa détresse. Il aura beaucoup de mal à apprendre à se calmer.

La régulation de la tension, une fois apprise, permet à votre enfant de se sentir à l'aise avec le ressenti et l'expression de différentes émotions ainsi que de développer de l'assurance. Elle lui permet également d'apprendre à se calmer. Il apprend à ne compter que sur lui-même – et non sur vous – pour se calmer après un état excessif de frustration, de détresse et de colère.

Certains parents, toutefois, ont du mal à enseigner à leurs enfants à se calmer eux-mêmes, tout particulièrement s'ils pensent qu'un enfant doit passer par le conflit et un sentiment de gêne pour apprendre. Ils ont du mal à accepter que la technique la plus habile consiste à *verser de l'eau sur le feu et non de l'huile*. Ou, comme l'a succinctement déclaré Goethe : « Moins de chaleur, plus de lumière ! »

Une mère et sa petite fille Maria m'ont démontré à quel point cela peut être un problème. Maria était souvent en plein désarroi lorsqu'elle était entourée de beaucoup d'enfants. Tout ce que sa mère pouvait faire, c'était la mettre dans un coin et lui lire une histoire pendant quelques minutes ; elle refusait d'avoir recours à cette technique : « Je pense que ma fille devrait apprendre à vivre avec les autres », me dit-elle. « Ça ne l'aidera pas si à chaque fois qu'elle est perturbée je lui fais fuir la situation. Comment va-t-elle apprendre à gérer cette émotion ? » Il m'a fallu beaucoup de temps pour que cette mère comprenne qu'en permettant à sa fille de ne pas se contrôler et de rester dans un état de désarroi profond, cela allait être beaucoup plus difficile pour cette enfant d'apprendre à vivre avec les autres. Je lui ai suggéré que si elle voulait aider sa fille à se calmer, la petite trouverait rapidement un moyen plus satisfaisant de s'en sortir dans des situations potentiellement pénibles. Maria put, alors, intérioriser ce processus et se calmer toute seule.

D'autres parents ont beaucoup de mal à aider leurs enfants à réguler leur tension car eux-mêmes n'ont jamais appris à moduler leurs frustrations. Ils ont une grande difficulté à exprimer les émotions intenses sans tomber dans l'extrême. Comme les enfants imitent avec beaucoup d'enthousiasme le comportement de leurs parents, une maman ou un papa sans grande maîtrise de soi transmettra à l'enfant un mode de réponse émotionnelle incontrôlée, pouvant créer ainsi un cycle de tristesse. Dans de nombreux cas, les adultes dotés d'une mauvaise régulation de la tension peuvent être autodestructeurs et/ou violents envers les autres. De plus, l'abus d'alcool et de stupéfiants, les disputes conjugales, un comportement antisocial ou des relations difficiles avec autrui peuvent résulter d'une mauvaise régulation de la tension.

D'autre part, un enfant qui a une bonne régulation de la tension devient en grandissant plus heureux, plus calme et à l'aise socialement. Il est capable de savoir exactement qui il est et ce qu'il veut pour, une fois adulte, faire face au stress et à la tension qui pèsent souvent sur la vie de tous les jours. Il comprend et maîtrise ses émotions.

Apprendre à répondre judicieusement aux signaux de l'enfant représente un autre avantage significatif : il permet à l'enfant de construire son amour-propre. Chaque fois que vous reconnaissez et validez l'expression d'une émotion, vous dites à l'enfant que ses perceptions sont justes et qu'elles sont dignes d'attention. Avec le temps, cela produit chez lui un sentiment d'assurance, la faculté de savoir ce qu'il ressent et ce qu'il veut et de le faire valoir.

Aidez votre enfant et vous-même : mettez de l'eau sur le feu et non de l'huile !

4

Répondre aux signaux quand l'enfant grandit : le vocabulaire devient plus complexe

Je n'oublierai jamais la première fois où Nicolas m'a dit qu'il était furieux contre moi – je veux dire de façon très directe. Nous étions dans la voiture depuis près d'une heure et il était dans son siège. Il était très tranquille quand soudain il s'est mis à faire toutes sortes de bruits et de gestes. Il était installé sur le siège arrière et je ne pouvais le voir que dans le rétroviseur. Il y avait beaucoup de circulation. Je ne lui ai pas prêté beaucoup d'attention, j'ai juste marmonné quelques mots. Finalement, il a « explosé » et m'a jeté un jouet derrière la tête. Puis il a commencé à produire des sons qui, sans utiliser de mots, ressemblaient exactement à ceux de ma femme lorsqu'elle est furieuse contre moi. Le rythme, l'inflexion, le ton dur. Je ne savais pas si je devais rire, pleurer ou lui crier après. J'ai dû ranger la voiture sur le côté de la chaussée et rester calme. J'ai pensé : « Mon Dieu, il avait plus besoin de vider son sac que je ne l'aurais cru ! »

Thierry, 42 ans, père de deux enfants, de 14 et 2 ans

Les neuf signaux innés ne disparaissent pas en grandissant ; on les a pour la vie. Un bébé de 8 mois a les neuf mêmes signaux qu'un bébé de 14 mois. La différence est que ces signaux se peaufinent et se lient avec l'expérience. Par exemple, lorsqu'un enfant grandit et subit une perte, le signal de détresse peut se transformer en tristesse ; ou différentes expériences peuvent conduire un enfant à exprimer un mélange de dégoût et de colère aussi bien que du mépris.

Chaque jour qui passe, votre enfant acquiert un jeu d'outils encore plus complexe que le précédent pour s'exprimer et réagir au monde qui l'entoure. Il est très utile de comprendre ce que vous pouvez ou ne pouvez pas attendre d'un enfant à différents âges, pour pouvoir accepter la façon dont il exprime ses émotions et ses besoins.

Les dix-huit premiers mois de l'enfant : un sens du moi en pleine évolution

Au cours des dix-huit premiers mois de la vie d'un enfant, il se passe beaucoup de choses – dans le cerveau, le corps, les émotions, la personnalité et l'ego. Suivant l'âge, un enfant possède différentes aptitudes : un bébé de quatre semaines n'a ni la faculté physique d'être indépendant dans ses mouvements ni une idée très claire de lui-même en tant qu'individu distinct ; un bébé de 14 mois, quant à lui, peut courir de pièce en pièce et sait parfaitement comment faire pour attirer votre attention et vous énerver. Ces bébés utilisent tous les deux les mêmes signaux d'intérêt ou de détresse, par exemple, mais ils savent en jouer différemment.

La compréhension du développement de l'enfant exposée dans ce chapitre est fondée en grande partie sur le travail de Daniel Stern, docteur en médecine, qui a consacré sa carrière à étudier l'esprit et le cœur du bébé.

De la naissance à 2 mois

Au cours des deux premiers mois de sa vie, le principal souci d'un enfant est de se concentrer sur des activités basiques telles que réguler et stabiliser les différents cycles sommeil-réveil, jour-nuit, faim-satiété. C'est un travail très important physiquement et émotionnellement. Mettre en place ces bases essentielles de la vie, avec l'aide de Papa et Maman, permet à un bébé de s'adapter au nouveau monde qui l'entoure. Les enfants de cet âge sont de vraies petites boules d'impulsions très réactives et les interactions parents-enfants et toutes les nouvelles informations qui inondent leur cerveau – sommeil, réveil, repas, bain et changement de couche – mettent en place les premiers éléments de construction de son sens du moi.

Au cours de cette période, l'enfant envoie, entre autres, des signaux d'intérêt et de désarroi. Même à ce stade précoce de la vie, il utilise les réponses à ces signaux pour commencer à imaginer le monde environnant et la place qu'il y occupe.

Les parents sont des guides très importants dans ce processus. Les chercheurs ont découvert qu'au cours de ces premières semaines de vie les enfants sont programmés pour s'attendre à ce que leurs parents communiquent avec eux selon un schéma cyclique d'attention et d'inattention qui dure quelques minutes. Lorsque le cycle est interrompu – on ne prête pas attention à l'enfant pendant suffisamment de temps –, il commence à s'agiter. Un enfant a besoin d'être constamment, si ce n'est indéfiniment, votre centre d'intérêt. Les recherches ont également démontré que l'enfant se focalise principalement sur les yeux et la bouche des parents. Cela souligne à quel point l'enfant cerne déjà les signaux des parents qui, comme ceux des bébés, sont communiqués par les expressions du visage centrées autour des yeux et de la bouche.

Toutes ces allées et venues ont des répercussions importantes sur le cerveau de l'enfant : la vue, l'ouïe, l'odorat et le toucher l'aident à construire de nouvelles connexions neuronales, ébauchant la façon dont l'esprit fonctionnera émotionnellement et intellectuellement. Très tôt, les expériences répétées, qu'elles soient physiques, émotionnelles ou intellectuelles, ont une incidence sur la façon dont le cerveau de l'enfant est connecté. Un enfant abandonné ou délaissé émotionnellement au tout début de son existence ne développera peut-être jamais complètement le sens de l'attachement ou de l'empathie. Un enfant à qui l'on parle beaucoup pendant ses deux premières années et que l'on encourage à répondre aura très certainement plus tard de bonnes compétences linguistiques.

De 2 à 7-9 mois

Au cours des deux premiers mois, l'action de donner et de prendre est plutôt à sens unique – les parents donnent, le bébé prend – mais, dès le début, il y a beaucoup d'échanges. À 2 ou 3 mois, les bébés se rendent compte qu'il y a d'autres personnes autour d'eux qui sont séparées et différentes de leur propre corps. Ils commencent également à avoir le sens du temps – passé et présent – et à savoir où ils se situent dans ce temps.

Entre 2 et 7 mois, l'enfant devient encore plus interactif – il donne et prend. Il prend conscience de sa personne, de son impact sur les autres et de leurs réponses. Ce sens naissant de l'identité est alimenté par une prise de conscience croissante de ses propres désirs et de sa faculté à les exprimer.

Au cours de cette période, les bébés commencent à se faire une image de la façon dont leurs sens du toucher, de la vue, du goût, de l'ouïe et de l'odorat se mettent en corrélation et sont utilisés pour comprendre le monde dans son ensemble. Par exemple, un bébé de cet âge apprend très vite à associer le mouvement – Maman le prend dans ses bras – au son – Maman dit : « Tout là-haut le bébé ! », en insistant sur le « tout là-haut » et en faisant correspondre la sensation physique d'être soulevé à la voix de sa mère. Les bébés prennent conscience que la signification peut être véhiculée par différents modes d'expression. Et ils apprennent que chaque sens peut produire toute une gamme de sensations : écouter de la musique peut être très amusant, apaisant ou même angoissant.

À ce stade, les signaux de l'enfant commencent à être utilisés pour « converser ». La réponse des parents doit suivre les mêmes conseils qui s'appliquent à toute conversation normale : vous écoutez, vous n'interrompez pas, vous êtes intéressé par ce que l'autre a à vous dire, vous répondez de façon appropriée et vous exprimez vos sentiments ou vos idées en retour. En d'autres termes, lorsque le bébé rit de bonheur en voyant sa peluche préférée, vous riez aussi et vous dites : « Comme il est drôle ton nounours ! Tu l'aimes ce nounours, hein ? » Puis vous lui tendez son nounours en faisant peut-être un bruit rigolo. En réponse, votre enfant va peut-être faire une série de gazouillis, sourire ou agiter ses bras. Il vous « parle » encore. Vous lui répondez alors à votre tour puis vous riez ensemble. Vous avez tous les deux une vraie conversation, aussi magnifique que les échanges entre adultes et remplie d'informations.

Dans le cerveau de votre enfant, le réseau de connexions devient de plus en plus complexe : avec le temps, son cerveau mettra en place des millions et des millions de connexions neuronales, puis, en vieillissant, il éliminera celles dont il n'a pas besoin et qui sont inutiles. C'est la consolidation physique du savoir et des modes comportementaux et émotionnels.

DE 7-9 MOIS À 15-18 MOIS

Pendant cette période, les enfants deviennent beaucoup plus expressifs et plus interactifs. Ils commencent à réaliser qu'une personne peut comprendre les émotions d'une autre et ils désirent partager ce qu'ils voient, ressentent et pensent. À cet âge, lorsqu'un enfant transmet un signal, il cherche activement la confirmation que le monde l'entend haut et fort et qu'il est concerné non seulement par son comportement (manger, pleurer, sortir) mais aussi par la qualité de ses sentiments profonds. Si un enfant de cet âge est délaissé, il peut développer un sentiment d'isolement et de désespoir de ne jamais être compris.

Les parents peuvent assez facilement, à cet âge, s'adapter aux besoins de l'enfant. Par exemple, j'ai un jour été témoin de cette scène : Hugo, 8 mois ½, essayait d'attraper un jouet inaccessible. Alors qu'il étirait son corps de toutes ses forces pour combler les quelques centimètres qui le séparaient du jouet, il poussa une sorte de grognement. À cet instant, sa mère participa en faisant : « Errrrr... errrrr ! » L'expression de frustration sur le visage d'Hugo disparut et il regarda joyeusement sa mère qui le souleva juste assez pour qu'il puisse atteindre le jouet. Les grimaces de sa mère imitant les efforts d'Hugo étaient totalement en accord avec l'expérience qu'il était en train de vivre : elle exprimait l'effort et reconnaissait également une partie de sa frustration.

Mais que serait-il arrivé si elle n'avait rien fait ? Imaginez que sa maman ignore les efforts qu'Hugo faisait pour attraper ce jouet. Sa détresse aurait augmenté au point qu'il pousse un hurlement et se mette à pleurer, conduisant directement à un conflit entre Maman et Bébé. Maintenant, imaginez que ce genre d'indifférence et d'escalade de la détresse se reproduise maintes et maintes fois dans différentes situations. Très vite, Hugo pourrait croire que ses émotions sont quelque peu inacceptables et même honteuses.

Voici un autre exemple montrant comment, à cet âge, les réactions des parents aux signaux peuvent aider ou blesser leur enfant. Récemment, je me trouvais sur une aire de jeux et j'observais un bébé intelligent, actif et souriant portant le prénom de Lucas. Il marchait à quatre pattes dans le bac à sable avec d'autres enfants. À un moment donné, il tomba du bord du bac à sable et atterrit le visage dans le sable. Il commença à hurler. Un jeune homme, qui se trouvait juste à côté, lui tapota le dos, l'aida à s'asseoir et lui dit : « Tu vas bien ? Tu as fait une sacrée chute ! » Sa mère arriva à ce moment-là et Lucas la regarda en pleurant. Le jeune homme dit : « Il a fait une belle chute ! » Elle dit à Lucas, sur un ton qui n'était pas sévère mais pas réconfortant non plus : « Tu n'es pas blessé. Tout va bien. Tu n'as pas besoin de pleurer. »

Lucas commença à pleurer de plus belle et sa mère le souleva en disant : « Tu ne t'es pas fait mal. Tu vas bien. » Comme il continuait de pleurer, elle dit : « Si tu ne t'arrêtes pas de pleurer, on va s'en aller. » Il se mit alors à hurler, le visage rouge et déformé. « Très bien, dit-elle, si tu pleures comme ça, on s'en va. » Et elle partit, avec dans les bras un Lucas qui hurlait tant qu'il pouvait.

Que s'est-il passé dans ce cas ? Peut-être qu'en disant : « Tu n'es pas blessé » et « Tu ne t'es pas fait mal », elle essayait de se rassurer ; ou peut-être était-elle embarrassée par les pleurs de Lucas, comme s'ils traduisaient un manque de vigilance de sa part ; ou peut-être encore était-elle de cette école qui pense que les hommes ne doivent pas montrer leurs sentiments. Mais quelles que soient ses raisons, le résultat est là : elle n'était pas sensible aux émotions de son fils et totalement indifférente à ses signaux de détresse. Cela n'a fait que le bouleverser encore plus et la rendre encore plus agacée.

Les réponses du genre « Tu n'as pas mal » ou « Sois courageux » ou encore « Tu es trop sensible » – le rejet total des émotions et de l'expérience de l'enfant – peuvent être extrêmement perturbatrices, quel que soit l'âge de l'enfant. Le jeune enfant risque de piquer une colère et l'adolescent de prendre la porte. Ce genre de réponse ne tient absolument pas compte des réelles émotions de l'enfant, à savoir la peur qu'il a ressentie et/ou une éventuelle blessure. Elle dit à l'enfant que ses émotions ne sont tout simplement pas les bonnes – bonnes ou mauvaises, elles existent et méritent d'être reconnues. La mère a loupé l'occasion de se rapprocher de son fils et d'être en harmonie avec lui.

Une réponse plus productive aurait été tout d'abord d'embrasser le petit chérubin. Les baisers font ressentir à votre enfant que vous vous inquiétez pour lui ; le baiser lui dit également que vous comprenez la blessure et que vous partagez ses émotions. Et puis vous pouvez lui dire que la chute était effrayante. Vous pourriez peut-être même ajouter : « Je sais que tu étais bouleversé et même un peu en colère parce que je ne t'ai pas protégé. » Votre réponse peut paraître guindée mais elle est importante car elle vous fait prendre conscience des émotions de votre enfant, valide ses signaux et commence le processus de nommer les émotions, ce qui est vital s'il doit apprendre à utiliser les mots pour les gérer. C'est également important car l'emploi de la consolation, de la validation et de l'utilisation de mots peut faire naître chez l'enfant espoir et optimisme.

Ce genre d'harmonie entre parents et enfant possède un autre avantage : il permet à l'enfant de développer le sens de l'empathie et de l'altruisme, facultés essentielles s'il veut vivre une vie pleine et bien remplie.

Quelquefois, un enfant peut sembler réagir avec excès ou faire son cinéma, mais c'est généralement parce qu'il a besoin que l'on s'occupe de lui et qu'on lui apporte toute l'affection qu'il ne reçoit pas. Si votre enfant a ce genre de comportement, demandez-vous si c'est le cas. Je me souviens d'un petit garçon qui, lorsqu'il jouait au football alors qu'il était encore très jeune, était bouleversé et en larmes à chaque collision légère. Serait-il surprenant que ses parents soient de l'école « Tu n'es pas blessé », « Ça ne t'a pas fait mal » ?

Au-delà de 18 mois

Lorsque les enfants entament la phase verbale, ils passent d'une sorte d'expression brute de signaux à l'utilisation plus raffinée de mots pour identifier leurs émotions et véhiculer les expressions de plaisir et de détresse. Les parents sont souvent surpris par leur façon franche et effrontée de leur faire savoir ce qui se passe dans leur tête. Les expressions « Je te déteste », « Non », « Pars », peuvent sembler dures et même blessantes. Mais ces piques verbales sont utilisées de la même manière que l'étaient les signaux de détresse – les adultes prennent en fait ces mots beaucoup plus à cœur que les signaux préverbaux. En fait, les hurlements d'un bébé et l'expression « Je te déteste » sont les mêmes en signification et en intention : « Je suis en colère. Il y a quelque chose qui ne va pas. » Et la tâche des parents dans la gestion des expressions verbales des signaux est la même que précédemment : ne pas inhiber l'expression ; maximiser les expressions de plaisir, essayer de supprimer les facteurs déclencheurs des signaux de détresse. Ne laissez pas vos réactions émotionnelles face aux mots eux-mêmes assombrir votre jugement lorsque vous devez répondre de façon judicieuse à l'enfant. Pour plus de détails sur cette transition, voir le chapitre 19.

Cela fait beaucoup de choses à comprendre, mais, en lisant les chapitres suivants, vous vous sentirez de plus en plus expert dans l'art d'observer et de traduire les signaux de votre enfant. Par exemple, la première fois que le médecin vous montre une radiographie, vous ne voyez que des formes blanches, noires et grises. Puis, quand il commence à vous décrire les différentes structures – « Voici le contour de votre rein, les vaisseaux qui conduisent à votre cœur » –, vous êtes en mesure de distinguer la structure interne de votre corps. C'est la même chose avec les signaux. J'espère que les photos qui figurent dans ce livre ainsi que les débats sur l'éducation des enfants et les signaux vous aideront, à l'image des radiographies, à comprendre la vie psychique de votre enfant.

5

Cultiver la compatibilité : comment la compréhension des signaux vous aide à vivre en harmonie

Lorsque Jennifer avait environ 18 mois, elle ne parlait pas encore vraiment mais était plutôt indépendante et consciente de tout ce qui l'entourait ; je me suis dit : « Hé, elle ressemble beaucoup plus à son père qu'à moi. » Je veux dire qu'elle a son sens de l'humour et a plutôt tendance à observer ce qui se passe qu'à participer. Et tout à coup, j'ai compris beaucoup de choses sur ma relation avec elle. J'avais pensé, jusqu'alors, que puisqu'elle était une fille, elle serait comme moi – sociable et aimant le contact avec les autres. Vous savez, j'ai vraiment besoin d'être entourée, de rencontrer des gens, de communiquer. J'ai donc organisé des tas de rencontres avec des enfants et des mamans ainsi que des activités différentes dès sa naissance. Je ne pouvais pas supporter l'isolement dans lequel on se retrouve après la venue d'un bébé. Mais elle n'était pas très heureuse dans ce genre de situation. Elle s'agitait et protestait et parfois même elle s'endormait. Elle n'était pas de ces bébés qui jouent facilement avec les autres. Ça me rendait folle. Mais lorsque j'ai réalisé qu'elle était comme Richard, eh bien, je l'ai accepté plus facilement. Je l'aime et j'adore passer du temps avec lui, même si nous sommes l'opposé l'un de l'autre dans de nombreux domaines. Et je sais comment faire fonctionner nos deux styles très différents. Il fallait juste que je me comporte avec Jennifer comme avec Richard. C'est plus facile d'être compatible avec un adulte qui est différent de vous qu'avec un enfant... Mais quand même, je pense qu'il y a beaucoup moins de tension entre ma fille et moi maintenant. Je ne suis plus aussi angoissée quand elle s'agite et je suis plus disposée à la laisser rester en dehors des événements. J'espère avoir une bonne attitude. C'est si difficile d'arriver à comprendre tout cela.

Dominique, 33 ans

Établir la compatibilité est un but important dans votre relation avec votre enfant. Elle lui permet de ressentir qu'il a votre accord et votre amour et de lui donner des bases solides et heureuses pour qu'il devienne une personne pleine d'assurance. Pour moi, la compatibilité est une affection et une compréhension mutuelles et sécurisantes composées de trois facteurs essentiels : (1) l'établissement d'un attachement solide entre parents et enfant ; (2) les parents doivent accepter d'avoir un enfant qui a très envie, à la fois, de dépendance et d'autonomie ; et (3) une bonne entente entre parents et enfant.

Ce que chacun espère, c'est que parents et enfant vivent une dépendance bénéfique l'un vis-à-vis de l'autre et que l'enfant se sente suffisamment en sécurité pour laisser s'épanouir son exploration du monde environnant. Dans ce contexte, l'enfant peut donc devenir un adulte encore plus autonome, suffisamment courageux pour se faire une place confortable dans ce monde car il sait qu'il peut trouver refuge dans l'affection de ses parents. L'attachement solide se forme lorsque l'on est attentif aux besoins d'un enfant en répondant judicieusement à ses neuf signaux. En d'autres termes, selon moi, *les neuf signaux – ou affects ou émotions – sous-tendent toutes les théories et les préoccupations concernant l'attachement.*

Les problèmes d'attachement peuvent survenir de différentes façons. Un parent aimant et bien intentionné qui croit en la discipline rigoureuse ou en l'apprentissage par les coups peut élever un enfant dans l'insécurité et la peur. L'enfant grandit alors en pensant que ce parent ne lui offre pas un refuge sécurisant et sera peu disposé à lui faire confiance. L'attachement peut également être compromis si le parent est foncièrement incapable de comprendre et de répondre aux signaux d'intérêt et de détresse de l'enfant. Une fois encore, l'enfant sera peu disposé à lui faire confiance. D'une façon plus subtile encore, un parent moyennement déprimé peut également éprouver des difficultés à se lier à son enfant car la dépression l'empêche d'être attentif à ses besoins. Quelle qu'en soit la raison, une telle disparité entre parents et enfant peut avoir des conséquences sur sa vie future, dans ses relations ou dans les choix qu'il devra faire professionnellement.

Un autre obstacle potentiel à l'attachement est lié au problème que les chercheurs appellent « la qualité de l'entente ». La qualité de l'entente fait allusion au degré auquel parents et enfants sont sensibles au tempérament de base de l'un et de l'autre. Les chercheurs ont découvert que même des parents et des enfants émotionnellement sains peuvent se trouver face à des difficultés s'ils ont des tempéraments, des personnalités et des styles radicalement différents. Il n'y a aucune certitude que votre enfant ait la personnalité ou le caractère que vous apprécieriez chez un ami très proche. Par exemple, si un petit garçon ou une petite fille très actif et très curieux naît chez des parents quelque peu passifs, les parents vont considérer l'enfant comme excessivement agressif ou surexcité. Ils auront tendance à le cataloguer d'enfant difficile ou pénible. L'enfant, de son côté, pourrait se sentir incompris et incapable d'obtenir la lueur d'approbation qu'il souhaite voir briller dans les yeux de ses parents. Le développement de son amour-propre pourrait alors s'en trouver menacé.

Même s'il n'y a pas de conflits – évidents ou subtils –, les problèmes de compatibilité peuvent affecter votre famille. Heureusement, ce genre de problème peut être résolu si vous apprenez à répondre de façon appropriée aux signaux de votre enfant et à apprécier ses qualités et ses forces, même si elles ne correspondent pas aux vôtres.

NAISSANCE DE LA COMPATIBILITÉ ET DE L'INCOMPATIBILITÉ

L'interaction parents-enfant est un processus incessant de subtiles négociations. Ce que les parents aiment, approuvent et tolèrent est communiqué à l'enfant, explicitement ou implicitement, au même titre que les besoins et les désirs de l'enfant doivent occuper le premier rang des considérations des parents.

Cette négociation perpétuelle est normale et très importante. Elle apprend à l'enfant les rouages de la communication et de l'échange qui sont la base de ses futures interactions avec la société et les individus. Cet enseignement de la communication commence dès la naissance et crée une relation unique entre chaque parent et l'enfant. En résumé : votre enfant vient au monde avec des traits de caractère qui vous font réagir ; vous vous présentez (du point de vue de l'enfant) avec également des traits de caractère qui le font réagir ; chacun d'entre vous établit une relation avec l'autre. Ce processus dynamique qui consiste à apprendre à se connaître l'un l'autre, à déterminer les expériences et les attitudes de chacun, est mélangé à beaucoup d'amour, assaisonné de bonnes intentions et, souvent, d'une dose de confusion. Voilà la recette d'un bon ragoût familial, un plat vraiment délicieux. Mais, souvent, nous ne savons pas à quel point les problèmes liés à la compatibilité peuvent nous affecter.

Attachements particuliers : le doudou d'un enfant

Souvent, alors que les enfants sont aux prises avec leurs sentiments d'attachement et oscillent entre la dépendance et l'indépendance, ils s'attachent très fortement à une couverture ou à un nounours. Ces prétendus objets de transition satisfont de

→

nombreux besoins psychologiques complexes : ils procurent un sentiment d'amour et de sécurité, peuvent calmer la peine, et peuvent servir de caisse de résonance pour la colère et la tension. Les parents devraient permettre à leur enfant de garder son doudou aussi longtemps qu'il le souhaite ; les enfants s'en débarrassent dès qu'ils sont prêts à le faire. Accélérer le processus ne serait d'aucun avantage.

J'ai rencontré un jour une jeune mère qui avait beaucoup de difficultés avec son fils débordant d'énergie, particulièrement en grandissant et en devenant plus indépendant. De temps en temps, elle l'amenait à la maison pour qu'il joue avec notre fils et j'étais un peu troublé de voir qu'elle manquait souvent de patience face à toute cette énergie. Un après-midi, je lui ai demandé comment elle s'entendait avec lui. « Nous nous entendons très bien, dit Françoise, un peu agacée. Il est tout pour moi. Nous nous amusons tellement ! » Mais j'avais remarqué qu'à mesure qu'il grandissait et devenait plus exubérant, Françoise avait de moins en moins de patience avec lui. « Il n'est pas toujours de tout repos, n'est-ce pas ? » ajoutai-je. « Oh ! non, avoua-t-elle, et je ne comprends pas pourquoi il est obligé de toucher tout ce qu'il voit. Il peut dévaster une pièce en cinq minutes. Quand je l'emmène sur une aire de jeux, il est tellement agressif ! Il veut être au centre de tout ce qui se passe. Il embête certains enfants et je sens que les mères sont inquiètes. Il est si grand, si fort et tellement sociable. J'espère qu'il va se calmer avant d'entrer à l'école primaire ! »

Françoise et son fils, deux personnes très différentes, sont en plein processus de négociation. Heureusement, ils commencent à s'apprécier l'un l'autre et à aimer les qualités uniques que chacun possède. C'est un processus que de nombreux parents doivent traverser lorsque la personnalité propre de leur enfant apparaît. Cela devient particulièrement évident lorsqu'un enfant commence à devenir plus indépendant, plus mobile, interagissant avec le monde environnant selon ses propres critères.

« Nous emmenons Léa partout avec nous, au cinéma, chez des amis, au restaurant. Je l'ai même emmenée avec moi au bureau les jours où il n'y avait pas trop de travail. Je pense que les enfants doivent être aventureux et accommodants. Ça ne les aide pas si vous les confinez dans un monde étriqué. Ils ont besoin de se sentir à l'aise avec les gens et avec différentes expériences », déclare Diane, 28 ans, mère de Léa, 14 mois. Toutefois, elle admet que cette approche n'est pas toujours un succès. « Quelquefois, elle se cramponne à moi et pleure face à un étranger, dit-elle, un peu étonnée par les réactions de sa fille. À son âge, je parlais, je marchais et j'étais propre. Je ne sais pas pourquoi ce n'est pas encore son cas. »

Léa est une enfant sensible, facilement perturbée par les bruits, les moments de grande activité et par une trop grande participation. Son tempérament fait qu'elle est très heureuse dès qu'elle se retrouve dans un environnement calme, quand on lui lit un livre ou quand elle joue avec un autre enfant. Elle peut rester assise un long moment le matin dans son lit, à jouer avec ses jouets ou à se parler. Diane et sa fille ont vraiment deux façons différentes de considérer ce qui est drôle et le degré de stimulation dont elles ont besoin.

Diane et Françoise sont confrontées à deux défis : il est quelquefois difficile pour les parents d'éduquer et d'encourager chez les enfants des traits de caractère qui sont tellement différents des leurs. En essayant d'étouffer ou de remodeler la façon naturelle qu'a un enfant de rencontrer le monde, on peut faire naître un conflit de volonté et, chez l'enfant, un sentiment d'indignité, de honte et/ou de confusion sur son moi intrinsèque.

Quelquefois, les problèmes de compatibilité sont liés aux problèmes psychiques d'un parent. Louise est légèrement déprimée et mal à l'aise dès qu'elle est le centre d'intérêt. Elle est la mère d'une petite fille de 2 ans, Anaïs, qui est en fait une star née – une jolie petite fille très ouverte qui s'épanouit en communiquant avec le monde qui l'entoure. Cette situation précipite Louise sous le feu des projecteurs beaucoup plus souvent qu'elle ne peut le supporter. « Elle est vraiment incontrôlable, déclare Louise. Tout le monde se précipite pour lui parler et elle court partout pour tout voir. Parfois, ça me rend folle. » Même à ce stade précoce de leurs relations, vous vous rendez compte qu'elles sont destinées à s'affronter. À moins que Louise apprenne à apprécier les grandes qualités de sa fille et à l'accepter telle qu'elle est, Anaïs va devoir lutter pour son propre territoire, ce qui peut engendrer beaucoup de tristesse de part et d'autre. Dans cet exemple, la dépression de Louise est une difficulté supplémentaire car elle n'est pas maîtresse de son moi intrinsèque et n'a pas une très bonne estime d'elle-même. Souvent, les enfants de parents déprimés grandissent en pensant qu'ils doivent travailler encore plus dur pour rendre leurs parents heureux et font passer les besoins de leurs parents avant les leurs. Dans ce genre de situation, un enfant va apprendre très vite que la seule façon de voir ses besoins satisfaits est de réconforter le parent mélancolique ou de devenir encore plus docile. Il peut également devenir le clown de la famille. L'enfant paiera alors un fort tribut si cette situation dure trop longtemps. Il apprend à organiser sa personnalité autour du besoin du parent. Sa propre créativité et ses atouts pourraient en souffrir.

Si vous pensez souffrir de dépression, ou de tout autre problème psychique, il est essentiel pour vous et pour votre enfant de vous faire aider ; ces problèmes ne doivent pas être acceptés. Ils peuvent être traités et dans ce cas votre vie et celle de votre enfant seront beaucoup plus heureuses.

COMMENT CULTIVER LA COMPATIBILITÉ

Si vous vous retrouvez en Françoise, Diane ou Louise, vous devez prendre des mesures positives pour améliorer la compatibilité avec votre enfant. Tout comme l'amour entre vous et votre conjoint s'intensifie avec le temps en apprenant à vous comprendre et à vous apprécier l'un l'autre, votre relation avec votre enfant s'enrichit lorsque vous acceptez certains traits et admirez ou appréciez certains autres.

La première étape importante dans le problème de la compatibilité est justement de se rendre compte du problème. En d'autres termes, l'astuce consiste à comprendre qu'il peut existter différents styles et que ces différences ne signifient pas que vous ne pouvez pas vous aimer, vous admirer et vous apprécier l'un l'autre ; vous pouvez vous adapter à ces différences. Cela vous aidera à éviter de penser que l'autre a tort ou est mauvais. La deuxième étape consiste à appliquer les conseils sur les neuf signaux et les choses s'arrangeront d'elles-mêmes.

Les avantages

Peu importe si vous et votre enfant devez travailler dur pour arriver à la compréhension de l'autre ou pour être synchrones, vous serez grandement récompensés d'avoir approfondi votre compréhension et votre acceptation des particularités de l'autre. La compatibilité qui en résultera vous évitera à vous et à votre enfant de vous taper sur les nerfs. Cela permettra à chacun d'exprimer ses sentiments et de passer outre pour atteindre résolution et compréhension. Cela permettra également de limiter la détresse et de préserver la joie d'être parent. De ce fait, vous et votre enfant pourrez réguler toute tension : vous serez plus à même de contrôler les réponses émotionnelles adressées à votre enfant et votre enfant apprendra par votre attitude positive à moduler également ses émotions. Ensemble, vous éprouverez le plus grand plaisir à partager vos émotions intimes et à explorer le monde qui vous entoure.

6

Encourager le jeu

Lorsque Julie eut environ 10 mois, elle commença à avoir peur des étrangers et était souvent bouleversée lorsque nous allions chez l'épicier ou au centre commercial. Ce bébé merveilleux et heureux ne me laissa soudain plus une minute de répit et je ne savais plus comment faire ni comment m'en sortir. C'était vraiment frustrant et je n'avais plus de patience avec elle. Il n'y avait vraiment rien d'effrayant dehors ! Mais je ne savais pas comment la convaincre du contraire. J'arrêtai donc quelque temps de l'emmener avec moi. Nous restions beaucoup à la maison et ça commençait à me rendre folle.

Puis, un jour, une amie est venue me rendre visite et m'a convaincue d'emmener Julie avec nous pour faire des courses. Bien entendu, à la minute où nous avons franchi la porte du magasin, elle a commencé à s'agiter et à pleurer. J'étais prête à faire demi-tour et à rentrer à la maison. Et puis une chose merveilleuse s'est produite. Mon amie a poussé la poussette vers une petite cascade qui se trouvait vers la porte d'entrée, elle s'est assise à côté de Julie et a commencé à parler de l'eau avec elle. Elle a mis sa main dedans et a joué à l'éclabousser, puis elle s'est levée et s'est dirigée vers l'autre côté de la cascade et a regardé Julie à travers la chute d'eau. Elles ont passé au moins cinq minutes à ce petit jeu. Puis mon amie a déplacé la poussette d'environ trois mètres dans le magasin et l'a arrêtée à côté d'un rayon de vêtements. Elle a pris la main de Julie et lui a fait toucher le tissu. Elles ont parlé des couleurs.

Elles ont fait s'entrechoquer les cintres. Puis elles sont allées un peu plus loin et ont regardé dans une boîte des bijoux brillants. Ce fut l'occasion d'une autre discussion. Mon amie m'a demandé de les rejoindre et m'a fait participer à la conversation. Après un court instant, Julie a commencé à regarder autour d'elle pour voir ce qu'elle pouvait encore explorer. Elle a désigné un autre rayon de vêtements. J'ai alors fait rouler la poussette jusque-là. Cela a peut-être duré quinze minutes mais c'était incroyable.
Elle s'amusait beaucoup à tout examiner avec nous. La glace était rompue et nous avons passé environ une heure à faire les boutiques sans que Julie s'agite de trop. Lorsque j'en ai reparlé avec mon amie, j'ai réalisé que j'étais si embarrassée par les crises de colère de Julie quand je l'emmenais dans le magasin que je n'étais pas capable de prendre du recul et d'envisager une solution au problème. Un peu d'amusement et de jeu était tout ce qu'il fallait, mais j'étais trop bouleversée pour m'en apercevoir. Je pensais juste que tout était de ma faute et tout ce que je voulais, c'était sortir de cet embarras le plus vite possible.

Sarah, 28 ans, premier enfant

Le jeu, un sentiment de plaisir dans de nombreuses situations, a pour origine l'effet combiné des signaux d'intérêt, de joie et de surprise de votre enfant. Lorsqu'il est présent, il tient compte de la flexibilité émotionnelle et du plaisir à découvrir le monde. Je pense que c'est là l'un des éléments les plus importants pour faire de son enfant un être psychiquement sain.

Les parents peuvent utiliser le jeu pour gérer les signaux de détresse, tels que le désarroi et la colère, pour dissiper la tension quotidienne et pour manipuler la frustration. En fait, le jeu a un impact sur tous les domaines de la vie. Par exemple, il peut affecter le choix de carrière : les personnes qui savent ce qui les intéresse et ce qui les amuse – qui ont le sens du jeu – sont celles qui feront ce qu'elles aiment vraiment, qui donneront un sens à leur vie.

Certains parents et fournisseurs de soins sont plus joueurs que d'autres. Toutefois, même les parents qui ont tendance à être plus sérieux peuvent apprendre à donner de l'éclat à leur interaction avec leur bébé et le faire rire et sourire.

Si vous prêtez attention à ce que votre enfant aime, vous serez en mesure de développer une relation fondée sur le jeu. La plupart des très jeunes enfants répondent positivement à la stimulation de leurs sens du toucher, de la vue et de l'ouïe. Pensez à la réaction d'un bébé face à un « coucou », à un visage amusant ou à un changement de rythme et de ton dans la voix.

À la base, les enfants trouvent de l'intérêt et du plaisir dans toute activité qui crée un changement sans surprise dans l'intensité de leur perception sensorielle – du doux au plus fort ou du lent au plus rapide. Par exemple, un bébé va glousser et rire si vous commencez à chanter lentement et doucement le début de « Une poule sur un mur » puis finissez la phrase en chantonnant rapidement « picoti, picota, lève la queue et puis s'en va », en secouant peut-être votre tête ou en vous déplaçant rapidement vers le bébé en accélérant le rythme des mots.

Les enfants un peu plus âgés aiment les actions un peu plus intrépides comme par exemple être soulevés dans les airs puis tenus fermement contre votre poitrine, ou être à cheval sur vos genoux comme un cheval au galop suivi d'un changement d'allure pour finir au pas. Les enfants qui commencent à marcher adorent jouer à la balle, faire de la balançoire ou du tricycle.

Comment le jeu apaise la tristesse

Dans la vie de tous les jours, l'esprit de jeu peut être utilisé pour détourner un bébé ou un enfant plus âgé de la détresse. Par exemple, certains bébés s'agitent ou se mettent à pleurer lorsqu'on change leur couche ou lorsqu'on les habille. C'est parfois difficile pour les parents qui doivent effectuer ces tâches. Ils ne peuvent supprimer le facteur déclencheur de la détresse de leur bébé. Ils doivent tout simplement faire avec. Mais si Maman ou Papa peut introduire le jeu dans cette situation, plutôt que d'être frustré ou de s'impatienter, le bébé peut lui aussi changer d'humeur. Par exemple, le résultat peut être surprenant si, en passant son tee-shirt par la tête, vous jouez à « coucou me voilà ! » ou si vous lui donnez une petite peluche pour qu'il joue avec pendant que vous lui changez sa couche. Vous pouvez également mettre un disque et chanter, parler de ce qui se trouve dans sa chambre ou lui raconter une histoire. Tout ce qui peut provoquer intérêt et plaisir détendra l'atmosphère.

L'heure du coucher est également un moment qui sera plus facile à accepter si vous utilisez le jeu pour atténuer les signaux de détresse. « Quand Vincent avait un an et demi, il détestait aller se coucher, se souvient sa maman, Hélène. Il avait peur de manquer quelque chose qui pouvait se passer dans l'autre pièce. Nous avons donc imaginé un jeu avec ses peluches. Je les glissais sous les draps de son lit et je disais : « Eh ! Vincent, j'entends quelque chose », puis j'aboyais comme un chien. Vincent semblait un peu perplexe. Puis je lui demandais ce que cela pouvait être. « Est-ce que ce n'est pas Loulou et Rex ? » Ça marchait bien. Il poussait un cri aigu et j'aboyais encore un peu. Il essayait d'aboyer aussi. On partait à la recherche de ses animaux et lorsqu'il les trouvait après avoir regardé dans toute la maison, il plongeait dans son lit pour se blottir contre eux. Je pense que parce que nous parcourions toute la maison et rendions le jeu si intéressant, il oubliait tout ce qui pouvait se passer ailleurs et se concentrait sur son lit et sur ses peluches. »

De même, les bébés sont facilement tristes lorsqu'ils s'ennuient. Leur être tout entier est une machine de production sensorielle – ils adorent recevoir une stimulation de leur entourage et d'autres personnes. C'est pour cette raison qu'ils sont si intrigués par le défilé incessant d'objets qu'ils côtoient tous les jours – un magazine, des casseroles, vos cheveux, leurs orteils, quelque chose qui brille. Mais lorsqu'ils se trouvent dans une situation où ils sont moins stimulés, ils commencent vite à s'agiter puis à s'énerver. Être coincés dans une poussette parcourant les rayons étroits d'un grand magasin, où ils ne peuvent rien toucher ni rien voir, peut les faire hurler de mécontentement. Prenez alors le temps de leur offrir une stimulation intéressante et agréable – un jouet, une conversation, la possibilité de toucher ce qu'ils voient, une chanson amusante – et ils se calmeront.

Les enfants apprennent le jeu en suivant votre exemple. Lorsque vous êtes énervé, si vous faites un effort pour réagir avec intérêt et plaisir, vous apprendrez à votre enfant comment utiliser le jeu pour gérer la nervosité – et vous finirez par vous sentir mieux vous aussi. Par exemple, trouver ce qui est amusant et divertissant dans un embouteillage apprendra à votre enfant quand et comment jouer. Quand la nervosité monte en vous, vous pouvez dire : « Ça va être vraiment pénible. Mais si nous sommes coincés ici, nous pourrions chanter une chanson. » Votre réponse démontre clairement comment faire face à l'agitation.

Cette faculté d'utiliser le jeu pour transformer la détresse est une bonne façon d'aider votre enfant à apprendre à réguler la tension. Par exemple, lorsque vous et votre enfant êtes coincés dans la salle d'attente d'un médecin et que la nervosité commence à monter, profitez de l'occasion pour passer ces quelques minutes à lire ensemble des magazines, à jouer à cache-cache, à marcher dans la pièce, à regarder les photos sur les murs. En faisant ainsi ou en utilisant du papier et des crayons pour dessiner, vous aiderez votre enfant à trouver de nouvelles façons pour faire face au stress et à l'ennui.

Les enfants apprennent le jeu par les réponses que vous donnez à leurs signaux. Les enfants développent également le jeu lorsque les parents réagissent judicieusement à leurs signaux et leur offrent un moment d'amusement. Par exemple, s'il y a un bruit violent – une alarme de voiture qui se déclenche juste au moment où vous passez avec la poussette –, votre bébé va exprimer la surprise puis la peur. La façon dont il réagit dépend de sa sensibilité naturelle et des circonstances : (1) si vous avez ou non réagi rapidement pour le protéger du bruit et le réconforter, (2) si vous avez ou non pris le temps de mettre des mots sur la situation et aidé l'enfant à exprimer son angoisse à l'aide du langage, et (3) si vous avez trouvé le moyen de transformer l'alarme en quelque chose d'amusant. Vous pouvez imiter le son de l'alarme ou faire des grimaces à ce bruit effrayant ou encore dire au revoir de la main à cette voiture en vous éloignant rapidement. Ce genre de gestes aide l'enfant à surmonter sa surprise initiale, à dominer en quelque sorte cette situation menaçante et à trouver le moyen de transformer cette alarme en quelque chose d'amusant.

Alors, la prochaine fois qu'un gros chien fait peur à votre bébé, éloignez-le rapidement, rassurez-le, exprimez-lui votre compassion puis distrayez-le avec quelque chose d'amusant et de joyeux – une chanson sur le chien, une petite course dans vos bras en descendant la rue, son reflet dans une vitrine.

Toutefois, la surprise n'est pas le seul signal qui offre la possibilité d'enseigner le jeu. Chaque signal donne aux parents l'occasion d'encourager le jeu et d'améliorer le contrôle de la tension. Les enfants qui ne ressentent pas que les parents répondent attentivement à leurs signaux augmentent souvent la tension émotionnelle en intensifiant leurs signaux et en devenant plus agités et moins joueurs. Même les signaux d'intérêt et de joie peuvent devenir incontrôlables si on ne leur accorde pas l'attention nécessaire.

LORSQUE LE JEU EST PERÇU COMME UN DÉFI

Parfois, les parents considèrent le jeu comme un mauvais comportement ou un défi à l'autorité parentale au lieu d'une marque d'intérêt et de plaisir. Par exemple, si votre enfant de 18 mois sort des boîtes de conserve de votre placard, cela ne vous semble probablement pas être un vrai jeu. Mais votre enfant, lui, s'amuse beaucoup. Il explore quelque chose d'intéressant. Il adore le bruit des boîtes quand elles roulent sur le sol. Ses sens sont occupés. Alors, lorsque vous interrompez l'activité, il hurle forcément. Souvent, il retourne sortir les boîtes du placard, apparemment pour vous défier. Mais éloignez-vous un petit moment et observez-le. Vous verrez très certainement qu'il ne jette pas les boîtes au hasard. Il étudie un nouveau trésor ; il maîtrise l'art de ramasser et de jeter les choses. Il apprend les notions de haut et de bas, de s'écraser et de rouler. Et pendant tout ce temps, il attend aussi votre réaction. Il vous demande : « Est-ce que je dois vraiment m'arrêter de jouer ? », « Tu es vraiment sérieuse ? », « Est-ce que tu vas crier ou devenir folle ? ». C'est le début d'une seconde sorte de jeu – votre bébé joue avec vous et il essaie de vous faire jouer avec lui, de vous faire participer à cette activité merveilleuse et intéressante. Alors arrêtez-vous et demandez-vous : « Est-ce qu'il faut vraiment que mon fils s'arrête ? » et si oui, « Qu'est-ce que je peux lui trouver d'autre à faire qui soit drôle et qui lui procure la même stimulation ? ».

7

« Je veux être comme vous, Maman et Papa ! » : comment et pourquoi les enfants s'identifient à leurs parents

La tendance qu'a votre enfant à vouloir ressembler à Maman et à Papa est l'un des plus grands traits de son caractère naissant. En fait, l'immense désir conscient et inconscient qu'a votre bébé de vous imiter est l'un des plus forts moteurs du comportement, mais aussi l'un des plus ignorés. Cette envie de s'identifier à vous peut vous être d'une aide précieuse pour faire de votre enfant un être psychiquement sain.

Que cache la tendance d'un enfant à imiter ses parents et à s'identifier à eux ? La réponse nous conduit à un aspect très étudié et quelque peu compliqué du développement des bébés. Charles Darwin (1809-1882) était très intrigué par l'intensité des tendances imitatives des animaux et de l'homme, et Sigmund Freud (1856-1939) a étudié ces processus en profondeur d'un point de vue psychologique. Plus récemment, des chercheurs ont exploré les tendances des bébés à s'identifier aux personnes les plus importantes de leur vie et à les imiter. Ces études ont montré qu'à un très jeune âge l'essentiel du bien-être et du sens d'appartenance d'un enfant provient du sentiment « Je suis comme mes parents » et « Mes parents sont comme moi ». Les parents ont également ces sentiments de « ressemblance » avec leurs enfants. Et c'est cet échange d'identification qui donne à l'enfant un sentiment d'affinité et conduit à l'idéalisation des parents. C'est une dynamique très complexe. Même l'emploi des mots tels que « identification »,

« imitation », « imiter », et de l'expression « ressembler à » représente plus que ce que l'on croit – chacun de ces mots a une signification différente dans le monde de la pédopsychologie. J'ai choisi, toutefois, dans ce chapitre, d'utiliser les mots indifféremment et avec la signification qu'ils ont dans la vie de tous les jours.

Comment votre enfant vous perçoit

Les bébés semblent toujours fascinés par ce que vous avez ou ce que vous faites. Ils veulent jouer avec la crème à raser ou avec la brosse à dents. En tant que parent, vous pouvez utiliser cette tendance pour enseigner au bébé une multitude de choses. Par exemple, quelle est la meilleure façon d'apprendre à votre enfant à se laver les mains ou à se brosser les dents si ce n'est en le faisant vous-même en premier ?

« Regarde, Maman se brosse les dents comme ça. En haut. En bas. Oh ! tu veux jouer avec ? D'accord, tiens ! » Ou, si vous devez vous battre pour que votre enfant vous laisse lui couper les ongles, montrez-lui d'abord comment vous faites avec les vôtres. « Tu vois, on coupe celui-là et puis celui-là. Maintenant, tu veux que l'on essaie avec les tiens ? D'accord, on y va. Laisse-moi tenir tes doigts et on le fait ensemble. Très bien ! » L'imitation peut également faciliter le passage chez le coiffeur. Ils ont souvent du mal à le supporter en raison de la nouveauté de la situation, de la rapidité des mouvements vers la tête et vers les yeux de l'enfant et de l'utilisation des ciseaux qui ont fait souvent l'objet de fortes mises en garde telles que : « Attention ça coupe ! Sois prudent ! » La solution ? Essayer de s'asseoir dans le fauteuil et de se faire faire une petite coupe en premier. Très vite l'enfant voudra lui aussi s'asseoir dans le fauteuil ou sur vos genoux et se faire couper les cheveux.

À travers leur envie de vous imiter, les enfants apprennent plus que de simples tâches. Ils utilisent l'imitation et l'identification pour recueillir des informations beaucoup plus complexes et plus subtiles. La plus grande partie du caractère de votre enfant est forgée par sa tendance à imiter votre vision du monde, l'expression de vos émotions et vos attitudes. Il copie inévitablement vos habitudes, qu'il s'agisse de régulation de la tension, de jeu, d'apprentissage, de relations avec les autres et d'expression de l'affection. C'est pourquoi être affectueux et honnête dans les rapports que vous entretenez avec votre enfant et avec autrui vous aidera considérablement à faire de votre enfant un être affectueux et honnête.

Voici d'autres manières d'utiliser l'identification pour aider votre enfant à bien se développer :

Savoir réguler soi-même la tension : si vous êtes capable de contrôler vos émotions pour ne pas piquer une crise dès que vous êtes énervé, votre enfant aura toutes les chances d'apprendre à faire la même chose. Si, au contraire, vous êtes sujet aux accès de colère et aux cris, à l'impatience et à l'irritation chronique, aux démonstrations de dégoût, votre enfant pensera tout naturellement que c'est de cette façon qu'il faut appréhender les situations stressantes. Si vous-même avez du mal à réguler la tension, il y a de fortes chances pour qu'il y ait au moins deux personnes – vous et votre enfant – à la maison qui ne sachent pas détendre une situation très tendue ou calmer des nerfs à vif ; les conséquences sont alors évidentes : de nombreuses querelles, de la rancune et une frustration réciproque. Tout cela est directement lié à la compréhension et à la façon d'appréhender judicieusement les fondements de la vie psychique – les neuf signaux innés.

Le jeu et rien que le jeu : comme nous l'avons vu dans le chapitre 6 sur le jeu, être capable de trouver de l'intérêt et du plaisir quelles que soient les circonstances – même les plus stressantes, comme un embouteillage – enseigne à votre enfant comment contrôler la tension et faire de ce monde un endroit plus intéressant et plus enrichissant.

Inculquer l'amour d'apprendre : si vous êtes de nature curieuse et si vous aimez lire, suivre des cours, comprendre comment on construit les choses ou débattre de certaines idées ou de ce qui se passe dans le monde, vous serez pour votre enfant un modèle, source de plaisir et de satisfaction pendant toute sa vie. Lorsque vous regardez tous les deux la télévision, gardez à portée de main un dictionnaire, une encyclopédie ou un ordinateur pour rechercher les mots, les personnages historiques ou pour trouver plus de renseignements sur un sujet. Faites-en un jeu. Lorsque vous voyagez, faites l'effort de lui montrer sur une carte où vous allez, expliquez-lui la géographie et incitez-le à vous poser des questions sur l'endroit où vous serez et sur ce que vous allez voir.

Montrer à votre enfant comment exprimer l'affection et être un ami précieux : la faculté d'avoir des relations intimes satisfaisantes vient, en partie, des relations qu'entretiennent les parents avec leurs enfants, leurs amis et l'un avec l'autre. Si vous êtes capable de faire preuve d'affection et d'être à la fois sympathique et empathique, votre enfant non seulement récoltera les bénéfices de votre nature chaleureuse mais apprendra également comment nouer des relations intimes.

Traduire les actions et les émotions en mots : comme indiqué précédemment, nommer les émotions et remplacer les actions par des mots améliorent considérablement le développement psychique et cognitif d'un jeune enfant. Parler à votre enfant de ce que vous pensez et ressentez et nommer ses signaux et ses émotions dès son plus jeune âge l'aideront à apprendre à gérer ses émotions et à utiliser la métaphore du langage pour exprimer le plus tôt possible des émotions intenses. Vous pouvez aider votre enfant à développer cette aptitude en utilisant, à la place des actes, des mots pour communiquer vos sentiments. Par exemple, lorsque vous êtes en colère, si vous exprimez vos sentiments en utilisant des mots compréhensibles qui traduisent votre pensée au lieu de jeter des choses partout et de pester, votre enfant apprendra alors à faire la même chose.

Faire participer votre enfant aux prises de décisions : dès son plus jeune âge, vous pouvez aider votre enfant à prendre confiance en sa faculté à identifier et exprimer ce qu'il pense, désire et croit en lui demandant de participer aux prises de décisions quotidiennes. Même les très jeunes enfants peuvent prendre part aux décisions familiales : aller à l'épicerie ou au restaurant pour dîner ? Faire un sandwich au beurre et au jambon ou au thon pour le déjeuner ? Porter les chaussettes roses ou les bleues ? La vie sera peut-être plus compliquée au début mais à la longue, vous apprendrez à votre enfant le processus décisionnel, à peser le pour et le contre, que son opinion est importante pour vous et que vous avez confiance en son jugement.

Utiliser l'imitation et l'identification pour favoriser le développement des bonnes manières : les bonnes manières sont importantes pour les enfants. Non seulement elles leur permettent de recevoir l'approbation et de se faire des amis plus facilement, mais elles apprennent également les limites et leur rappellent que les sentiments et les besoins des autres sont aussi importants. Avant même que votre enfant apprenne à parler, il peut les capter en voyant deux personnes se respecter et prendre soin l'une de l'autre. Vous avez la possibilité de lui donner cet exemple qu'il emportera dans son monde de mots et de langage au fur et à mesure qu'il grandira. Mais combien de fois avez-vous entendu des parents sermonner leur enfant avec « Dis s'il te plaît », « Dis merci », « Demande pardon », « Tiens la porte à cette personne », mais sans le dire ni le faire eux-mêmes ? Si vous vous adressez poliment à votre enfant en lui disant : « Chéri, tu peux ramasser cette pomme qui est par terre, s'il te plaît ? » ou « Merci de fermer la porte », l'enfant aura beaucoup plus de chances d'agir poliment en grandissant.

Les enfants apprennent également à s'excuser et à reconnaître leurs erreurs, sans être sur la défensive, en observant votre façon de gérer vos propres erreurs. Si vous dites : « Oh, je suis désolée d'avoir marché sur ton jouet » ou « Chéri, je suis désolée d'avoir laissé tomber ta voiture et d'avoir ébréché le phare. Je vais essayer de le réparer », ils grandiront en sachant gérer comme il se doit leurs faux pas.

Utiliser l'humour et faire appel à l'intérêt personnel de votre enfant sont aussi de bons moyens d'enseigner les bonnes manières. Si vous voulez que votre jeune enfant apprenne à dire s'il te plaît, transformez la leçon en un jeu aux sonorités amusantes : « Chéri, peux-tu s'il te plaîîîîîîît me donner ce livre ? » rend le mot drôle et amusant. Il attire l'attention de l'enfant et permet de donner une leçon en utilisant le jeu.

Enseigner la prise de décisions

L'imitation peut également être utilisée pour aider votre enfant à prendre les bonnes décisions afin qu'il puisse trier ses émotions et choisir les plus appropriées en réponse. Les bonnes manières, la régulation de la tension et le jeu sont tous des exemples importants d'aptitude à prendre une bonne décision concernant la gestion des interactions complexes et des émotions intimes.

Ici encore, les enfants apprennent à prendre de nombreuses décisions en vous observant. Si vous imposez des règles à un enfant, « parce que je le dis », l'enfant apprendra alors que c'est de cette façon qu'il faut se comporter. Un jour, alors que vous vous demandez pourquoi diable il a fait ceci ou cela, le bambin vous regardera et vous dira : « Parce que je le veux », en pensant que c'est une explication raisonnable. L'autoritarisme envers votre enfant vous sera renvoyé sous forme d'obstination et d'inflexibilité. C'est pourquoi je n'ai cessé de souligner l'importance de nommer et d'expliquer vos directives à votre enfant. Lorsque vous lui dites de faire ou de ne pas faire quelque chose, expliquez-lui vos raisons d'une voix calme et aimante. N'hésitez pas à dire, même à un bébé : « Je ne veux pas que tu fasses ça parce que je t'aime et que je ne veux pas que tu te blesses. » Ou : « Tu ne peux pas avoir cela car c'est quelque chose que Papa aime beaucoup et il serait très triste s'il était abîmé. » Expliquez pourquoi. Parlez de ce que vous croyez et pensez. Prenez le temps de communiquer au lieu d'essayer de mettre fin rapidement à une situation et de passer à autre chose. Si vous agissez en faisant croire que partager les pensées et discuter les raisons d'une décision sont une perte de temps, votre enfant fera la même chose. Mais si vous expliquez pourquoi vous faites les choses et pourquoi vous pensez ce que vous pensez, l'enfant comprendra alors que vous examinez les choses en détail et apprendra à faire la même chose.

Incompréhensions

Les parents peuvent facilement ne pas comprendre le désir d'un enfant d'imiter leur comportement. C'est une injustice qui peut coller à l'enfant toute sa vie. Souvent, lorsque je demande aux parents de se souvenir d'un conflit qu'ils ont eu jadis avec leurs parents, ils se plaignent d'avoir été incompris lorsqu'ils essayaient tout simplement de faire comme Maman et Papa. Toutefois, chose ironique, ils tombent à leur tour dans ce piège avec leurs propres enfants en considérant une action comme « une mauvaise conduite » alors que ce n'est qu'une imitation innocente. J'ai connu un enfant qui jouait toujours avec les boutons du réveil de ses parents avant d'aller au lit. Son père était furieux à chaque fois jusqu'à ce que sa mère réalise que l'enfant ne faisait que répéter les gestes de son père avant d'aller se coucher. La seule solution intelligente fut de mettre dans la chambre de l'enfant un vieux réveil pour qu'il puisse lui aussi « le régler ».

Le père d'un garçon de 2 ans était convaincu que son fils apprenait à voler lorsqu'il le surprit en train de fouiller les poches de son pantalon et de prendre son portefeuille, ses clés et quelques pièces. Le père allait punir le petit garçon plutôt sévèrement quand un ami lui suggéra que l'enfant imitait peut-être tout simplement son père. « Il essaie d'être un adulte, comme toi. Il met son portefeuille, sa monnaie et ses clés dans ses poches et se prépare pour aller travailler. » Le père acheta alors à son fils une salopette avec une poche ventrale et lui donna un petit portefeuille avec quelques billets, quelques pièces et de vieilles clés. Il ne manqua pas, le matin, de mettre son pantalon en même temps que son fils et tous les deux mirent leurs clés et leur argent dans leur poche. Partager cette activité enchantait son fils et ce prétendu vol fut correctement compris comme une simple identification à son papa. Non seulement le père valida le désir de son enfant de l'imiter, mais il profita également de la situation pour lui donner une leçon importante de savoir-vivre et de bon comportement. Il expliqua à son fils que ce n'est pas très bien de prendre de l'argent ou autre chose qui appartient à quelqu'un d'autre. « Tu dois d'abord demander et expliquer pourquoi tu le veux », lui dit-il.

PROBLÈMES POTENTIELS : LORSQUE LES ENFANTS IMITENT LE MAUVAIS COMPORTEMENT DES PARENTS

Puisqu'un bébé ne peut faire la distinction entre les qualités qu'il peut copier et les défauts qu'il vaut mieux oublier, vous devez être conscient des traits négatifs que vous pourriez lui transmettre – dont certains peuvent d'ailleurs déjà provenir de vos parents. Réfléchissez à la manière dont vous exprimez les neuf signaux – intérêt, joie, surprise, détresse, colère, peur, honte, dégoût, répulsion. Prenez le temps d'analyser votre propre comportement et de penser à des habitudes ou à des traits de caractère que vous souhaiteriez changer, améliorer ou atténuer. Votre pouvoir de façonner les attitudes, les émotions et le comportement de votre enfant est si grand qu'il est sage de vous assurer que les messages que vous lui envoyez sont bien ceux que vous souhaitez qu'il reçoive.

Les femmes qui sont mères pour la première fois éprouvent parfois un sentiment de déjà-vu. Lorsque j'ai demandé à une amie si elle savait que les enfants imitent et s'identifient à leurs parents, elle s'exclama : « C'est très vrai – maintenant que j'ai Chloé, je me rends compte à quel point je ressemble à mes parents, à quel point je me suis inspirée d'eux. Je n'en avais que vaguement conscience – et certains traits ne sont pas si positifs que ça. Mais maintenant je comprends pourquoi je m'énervais pour un rien comme ma maman et pourquoi je n'écoutais pas comme mon papa. J'espère pouvoir mettre un terme à cette ressemblance pour ne pas transmettre à Chloé toutes ces mauvaises habitudes. »

Heureusement, les gens peuvent changer et mûrir. Je me souviens d'un illustre joueur de hockey qui avait coutume de cumuler deux cents minutes de pénalité par an. C'était un bagarreur notoire. Il finit par se marier et eut une fille. Quand elle eut environ 3 ans, elle commença à le regarder jouer à la télévision. Il n'avait jamais éprouvé le moindre scrupule quant à son comportement sur la glace jusqu'au jour où sa fille lui demanda : « Papa, pourquoi tu te bats autant ? » Soudain, il fut horrifié à l'idée qu'elle puisse le voir frapper d'autres joueurs et participer à de tels pugilats. Il changea donc sa façon de jouer. À partir de ce jour, il apprit à se maîtriser sur la glace ; en fait, il remporta plusieurs coupes pour fair-play et qualités de leader et sa réputation en tant que joueur n'en souffrit absolument pas. Il reconnaît que sa fille lui a enseigné deux précieuses leçons : sur la façon d'être un père et une meilleure façon de jouer au hockey.

Alors que vous essayez de modifier les traits de votre personnalité les moins attrayants, vous devez prendre conscience que vos pensées sont en fait vos émotions les plus secrètes et les plus cachées et que des actions inconscientes pourraient très bien s'en échapper. Les bébés peuvent reproduire des aspects de vos émotions, de votre vue du monde et de vos actions physiques dont vous n'êtes peut-être même pas conscient. Par exemple, certains parents qui prônent l'ouverture d'esprit, mais qui sont en fait intolérants ou pleins de préjugés, finissent souvent par avoir des enfants tout aussi intolérants. Les enfants peuvent entendre, par exemple, des paroles en faveur des droits civiques, mais le message indiquant que certaines personnes sont inférieures est transmis par les gestes, les expressions, le choix des mots. Les enfants adoptent alors les mêmes points de vue tendancieux, même s'ils sont trop petits pour savoir ce que cela veut effectivement dire. Lorsque nous nous sommes mariés, nous avions un voisin qui était cordial et poli mais rempli de toutes sortes de préjugés sur les gens. En pleine conversation, il pouvait dire des choses comme « Vous savez comment les [remplacer par une ethnie ou un groupe racial] sont », ou « c'était aussi sale qu'un [remplacer par une ethnie ou un groupe racial] ». C'était tout aussi stupéfiant d'entendre son fils de 3 ans débiter les mêmes clichés affligeants.

Il y a eu des tentatives intéressantes et fructueuses de supprimer les préjugés chez les jeunes enfants. Dans une école primaire, l'instituteur décida de mettre en place une règle selon laquelle les enfants n'avaient pas le droit de dire à un autre enfant qu'il était exclu d'une activité. Tous – y compris ceux qui étaient quelquefois mis à l'écart car différents en raison de leur race, de leur apparence ou de leur comportement – devaient être inclus. Au début, de nombreux enfants n'ont pas du tout aimé cette règle et ils se débattaient avec des problèmes d'inclusion, d'exclusion, de rejet et d'équité. Mais avec le temps, ils découvrirent qu'ils pouvaient apprécier la compagnie de tout le monde et apprendre de ces enfants qui étaient différents. La classe fut le théâtre d'une plus grande harmonie et de moins de bandes.

Imitation : attention danger

Un enfant qui est battu ou victime d'autres mauvais traitements est susceptible d'avoir des sentiments négatifs de colère, de désarroi et de peur, menaçant ainsi un développement normal et sain. De plus, un enfant maltraité peut adopter le comportement même qui le blesse et devenir lui-même maltraitant. Il peut considérer les coups comme une façon normale et acceptable de résoudre les problèmes et d'obtenir ce qu'il veut. Non seulement l'enfant devient méchant envers les autres mais il peut également le devenir envers lui-même. Les enfants maltraités retournent souvent contre eux-mêmes cette impulsion de battre et adoptent des comportements autodestructeurs.

VOTRE ENFANT VEUT VOUS RESSEMBLER, MAIS IL EST DIFFÉRENT !

Les parents gagnent beaucoup en reconnaissant à quel point leur enfant veut leur ressembler, mais ils ne doivent pas oublier qu'il est bien différent d'eux. Ces différences ne se situent pas seulement au niveau du goût et de la rapidité, idées différentes pour gens différents, mais également au niveau des facultés mentales liées à l'âge. Les jeunes enfants n'ont pas les mêmes capacités que les adultes à comprendre et à se souvenir de ce qui est inoffensif et de ce qui ne l'est pas, de ce qui peut être un jouet et de ce qui ne l'est pas, etc. Ils n'ont tout simplement pas encore développé le contrôle de l'impulsion ni les facultés cognitives pour comprendre qu'ils ne sont pas supposés jouer avec des fils électriques ou le contenu du réfrigérateur. Ce peut être la cause d'une immense frustration chez les parents qui ne savent pas que cette exploration est une étape normale et naturelle du développement, que l'on peut contrôler en offrant à l'enfant d'autres jouets tout aussi intrigants, et non une réprimande ou pire encore.

AU FUR ET À MESURE QUE VOTRE ENFANT GRANDIT

Le désir de votre enfant de s'identifier à vous ne s'arrête pas avec l'enfance. Vous pouvez encore l'utiliser pour aider votre enfant à passer avec succès le cap de l'adolescence et à entrer dans le monde adulte. Avec les adolescents, les leçons de modération et de comportement responsable, de respect de sa propre santé et d'intérêt pour les idées et les traits de caractère des personnes qui les entourent sont souvent mieux véhiculées par l'exemple que par les mots – surtout s'ils ont appris par l'exemple en étant enfants. Cela ne veut pas dire que l'identification vous facilitera la tâche pour apprendre à votre ado à agir avec sagesse et à freiner son impulsivité. Le comportement de l'adolescent est en grande partie le résultat d'une lutte entre, d'une part, son désir d'indépendance et, d'autre part, les liens étroits qui l'unissent à ses parents. En fait, vous êtes plus un modèle que vous ne le pensez, avec des avantages considérables pour votre enfant mais aussi pour vous.

Un de mes amis se disputait constamment avec son fils car celui-ci lui empruntait des chapeaux, des cravates, des vestes et des blousons sans lui demander la permission. Ce n'est que lorsque je lui ai dit que son fils voulait peut-être tout simplement se rapprocher de son père, lui ressembler, qu'il a vu le côté positif de son armoire dévalisée et apprécié les bonnes intentions de son fils malgré son comportement agaçant. Il y eut par la suite beaucoup moins de disputes, même si le père devait encore se battre pour que son fils lui demande la permission avant de prendre ses vêtements. Plus tard, ils sont même allés faire les boutiques ensemble et ont commencé à passer plus de temps à faire du sport. « Je n'aurais jamais pensé être aussi proche de Maxime à cet âge, dit-il maintenant. Je pensais que je serais l'ennemi jusqu'à ses 25 ans. Je ne peux pas te dire à quel point je suis content d'avoir pris le temps de comprendre ce qui se cachait derrière ses raids dans mon armoire. »

Les adolescents empruntent les vêtements de leurs parents, se maquillent comme les adultes et tentent des expériences d'adultes comme la boisson et le sexe, souvent parce qu'ils veulent s'identifier à leurs parents, pour le pire ou le meilleur. Ils recherchent également des mentors ou des héros qu'ils idéalisent pour les aider à définir plus clairement leur propre personnalité au cours des bouleversements de l'adolescence. Tout cela fait partie d'un schéma compliqué d'identification et d'imitation. Alors respirez à fond et n'oubliez pas que lorsque vous faites des erreurs, ce n'est qu'une occasion de plus pour apprendre à votre enfant à prendre les bonnes décisions, à savoir s'excuser et surtout l'humilité. Vous découvrirez que les erreurs commises dans l'éducation des enfants n'en sont plus si vous les considérez comme faisant partie de l'expérience de l'apprentissage.

8

Construire l'amour-propre de votre enfant

L'amour-propre est quelque chose qui est difficile à remarquer chez un bébé. Mais maintenant que mon fils a 15 ans, je vois la différence entre lui et certains de ses amis, et je pense que c'est directement lié à l'estime qu'il a de lui-même. Je le vois au langage de son corps. Il se tient droit, vous regarde dans les yeux quand il parle et est très à l'aise avec les adultes. Mais il a un ami, un gamin brillant, qui ressemble à une taupe. Il baisse la tête, il est négligé sur lui et on n'arrive pas à le faire parler, que ce soit ma femme ou moi. On a mal pour lui ; on a l'impression que ses journées sont très longues. On dirait qu'il s'enfonce dans le sol. J'en ai parlé à mon fils et il m'a dit que les parents de son ami manquaient de temps, de patience et d'intérêt pour lui. Vu de l'extérieur, c'est déroutant. Je connais les parents, ce sont des gens très sympathiques et très intelligents. Je pense qu'il doit y avoir tout un passé de comportements et d'attitudes imperceptibles entre parents et enfant qui a ébranlé ce gamin. Je ne pense pas que les parents sont conscients de ce qu'ils ont fait pour que leur fils manque autant d'assurance, rien d'intentionnel en tout cas. Élever un enfant est quelque chose de vraiment très difficile, même pour les personnes les mieux intentionnées. »

David, 43 ans

Un nouveau-né vient au monde avec certaines aptitudes neurologiques et le tempérament et les talents qui en résultent, mais il ne sait pas exactement qui il est ni quelle est sa place dans ce monde. La construction très lente du sens du moi et du sens de sa position dans le monde se fait avec le temps et avec l'expérience. Lorsqu'un bébé trouve que l'on valide et que l'on répond judicieusement à ses signaux – que les peines sont apaisées et le plaisir encouragé –, il commence à ressentir que les émotions et les expressions de tout son être ont de la valeur et de l'importance. Un bébé apprend qu'il compte pour quelque chose. C'est la base du développement de l'amour-propre – une combinaison de ce que vous êtes, de ce que vous pensez de vous et de ce que vous imaginez de vos capacités futures.

Pour être plus précis, l'amour-propre est l'élément de base essentiel pour une vie psychiquement saine, heureuse et réussie. Et comme de nombreux autres composants importants dans le développement d'un enfant, l'amour-propre prend racine ou se flétrit, en fonction de la façon dont vous gérez ces neuf signaux – maximiser les signaux de plaisir (intérêt et joie), valider et être attentif aux signaux de détresse (désarroi, colère, peur, honte, dégoût et répulsion).

En tant que parents, vous êtes les personnes les plus importantes dans le monde de votre enfant. Vous lui procurez les premières définitions de lui-même. Vous lui dites par le biais de chaque mot, chaque geste et chaque action à quel point il est important et comment il est perçu par le monde extérieur. S'il pleure quand il a faim et que vous le nourrissez, vous lui dites que vous pouvez répondre à ses principaux besoins. S'il rit et que vous l'accompagnez dans sa joie, vous lui dites qu'il a raison de trouver du plaisir dans les petits moments de découverte de la vie. L'accumulation de ces messages positifs l'aide à prendre confiance en ses émotions et ses perceptions du monde environnant. Ils jettent les fondements de l'amour-propre.

Au cours des mois et des années qui suivent, alors que votre enfant mûrit et devient adulte, son amour-propre va devenir un enchevêtrement complexe d'émotions et d'opinions de lui-même, de sa façon de considérer les autres et d'être considéré par eux. Bien que vous souhaitiez protéger son amour-propre de toute meurtrissure, la vie se chargera, à un moment ou à un autre, de ne pas l'épargner. Il rapportera à la maison des mauvaises notes, il rompra avec une petite amie ou – plus tard – se fera renvoyer de son travail ; et alors il vous dira : « Je ne suis pas très sûr de moi. »

Inversement, une brève crise d'amour-propre peut venir de la chance ou du succès. La réussite à l'école, par exemple, peut stimuler l'amour-propre – voire le surgonfler. En fait, il est normal pour un enfant, et même pour un adulte, d'avoir des hauts et des bas dans son amour-propre. Toutefois, un amour-propre dont les bases sont solides – c'est-à-dire construit en donnant aux signaux de l'enfant les réponses appropriées et entretenu tout au long de l'enfance – aidera la plupart d'entre vous à conserver une vision relativement optimiste de votre vie et de votre avenir au fur et à mesure des aléas de la vie.

Votre but, maintenant, est d'aider votre bébé à développer un sens du moi qui soit raisonnablement solide et stable. En grandissant, il sera plus à même de percevoir avec exactitude ses talents et ses aptitudes, de faire face à la vie avec sérénité et de considérer ses buts et ses possibilités avec réalisme. Cela peut même l'aider à devenir une personne ouverte à de nouvelles idées et lui permettre de reconnaître ses erreurs. Ce développement est important s'il est capable d'aimer les autres avec générosité, sincérité et sans réserve.

Bien entendu, la vraie clé est d'aimer la nature même de votre enfant – aimer et valoriser l'enfant pour lui-même, pour ce qu'il est. Mais c'est souvent plus facile à dire qu'à faire – en particulier si les parents n'ont pas été aimés ni valorisés. Toutefois, comprendre les neuf signaux peut être utile ici aussi : la nature de l'enfant est essentiellement dissimulée derrière ses intérêts et ses plaisirs ; comprendre et répondre aux signaux négatifs peut permettre d'empêcher les cycles de frustration, de blessure et de colère qui peuvent contaminer la relation parents-enfant et ébranler son monde intérieur.

LES FONDEMENTS DE L'AMOUR-PROPRE

Dès les premiers jours de la vie de votre bébé, vous pouvez jeter les fondements de l'amour-propre en répondant judicieusement aux signaux de détresse (désarroi, colère, etc.) et de plaisir (intérêt et joie). Lorsque vous validez les signaux de votre enfant, vous l'aidez à prendre confiance en sa perception du monde et en ses émotions ; vous entretenez également la régulation de la tension et vous l'aidez à communiquer avec succès avec le monde extérieur.

De nombreux spécialistes pensent qu'un autre élément de base important de l'amour-propre implique une expérience de compétence. La compétence, telle que décrite par le Dr Michaël Basch, chercheur en psychanalyse, est le résultat de l'aptitude du cerveau à créer un ordre à partir du désordre de tous les stimuli venant de l'extérieur. L'aptitude inhérente d'un bébé à développer une compétence jette le fondement d'une maîtrise ultérieure plus sophistiquée de l'interaction avec le monde et autrui, ce qui, à son tour, peut donner naissance à l'amour-propre. Une part de ce développement, lorsque l'enfant grandit, est d'apprendre qu'il est capable d'exercer un contrôle sur les événements extérieurs. Une autre, lorsqu'il interagit avec son environnement, est d'apprendre comment s'adapter sainement aux demandes et aux attentes du monde extérieur.

COMMENT AIDER VOTRE ENFANT À CONSTRUIRE SON AMOUR-PROPRE

Si vous exprimez de l'admiration et prenez plaisir dans les « réussites » de votre enfant, particulièrement dans les choses qui provoquent l'enthousiasme de votre bébé, vous lui inculquerez sans aucun doute le sens de la compétence et de l'assurance. Toutefois, il existe d'autres outils très utiles également pour construire l'amour-propre.

Concentrer toute son attention sur l'enfant. Les bébés se développent vite lorsqu'ils sentent qu'ils vous intéressent et qu'ils sont le centre de votre univers. Ils utilisent leurs neuf signaux pour exprimer toute leur gamme d'émotions. Mais leur expérience avec le monde extérieur et leurs échanges avec lui sont limités – par exemple, ils ne ressentent de l'intérêt que pour ce qui se trouve directement devant eux. Ils ressentent de l'angoisse, disons, lorsqu'ils ont des gaz, et hurlent avec autant d'intensité que le ferait un adulte pour une contrariété beaucoup plus forte. Leurs émotions, positives ou négatives, sont stimulées par leurs propres expériences immédiates ; ce qui donne donc à chaque émotion un plus grand sens de l'immédiat et de l'importance. C'est pourquoi lorsqu'un bébé pleure, s'agite ou s'extasie, il s'attend à ce que vous réagissiez avec autant d'enthousiasme ou d'angoisse que lui devant ce qui lui arrive.

Au fur et à mesure que les bébés grandissent et sont capables de ramper puis de marcher, ils font preuve de la même curiosité infinie qu'ils avaient pour tout ce qui était tout près d'eux ; seulement maintenant, ils s'intéressent aux objets les plus ordinaires qui soient : des pots, des casseroles, des magazines, des morceaux de tissu. Ils saisissent, tirent et portent les choses les plus curieuses à leur bouche, parce que c'est la seule façon pour eux d'explorer ce qu'ils découvrent.

Ils étendent leurs réactions à des choses qui les angoissent également. Maintenant, en plus des gaz, ils expriment de l'angoisse pour les gros chiens, les bruits violents, les personnes qui ont un visage inhabituel ou lorsqu'ils ne peuvent atteindre des objets qui attirent leur attention. Alors que leur interaction avec le monde se développe, la liste des événements qui provoquent pleurs et colères devient plus longue et plus complexe. Ce que les parents ont tendance à oublier, c'est que, pour les bébés, ces réactions d'angoisse sont proportionnelles à la situation. Ne pas pouvoir attraper une balle qui a roulé dans un coin est terrible ! Et votre bébé veut que vous lui prêtiez toute votre attention lorsqu'il vous l'explique en des termes plus qu'explicites. Il sent qu'il est incapable de se sortir de cette situation lui-même – quoi qu'il fasse, il ne pourra jamais atteindre cette balle. C'est de la frustration ! Il vous demande donc de l'aide de la seule manière possible pour lui – en faisant une scène. Si cela n'attire pas votre sympathie et votre attention, si vous ne répondez pas et n'aidez pas votre bébé à sortir de cette angoisse, il pensera que ses problèmes n'ont pas d'importance et que ce qu'il ressent ne compte pas. Mais si vous prenez le temps de prêter attention, de valider et de confirmer ses émotions et ses perceptions, vous aiderez votre enfant à prendre de l'assurance. Ignorez ses demandes d'attention et les problèmes se multiplieront. Donald Winnicott, pédiatre devenu psychanalyste, pensait que si les parents ne faisaient l'éloge de l'intérêt et du plaisir que ressent un enfant que lorsqu'ils coïncidaient avec les leurs, l'enfant pouvait renoncer à ses propres sentiments d'intérêt et de plaisir et développer un faux moi afin de faire plaisir à ses parents. Dans ce cas, son véritable sens du moi et de l'amour-propre serait ébranlé.

Récompenser et complimenter. En plus de l'attention, les récompenses et les compliments sont essentiels pour l'amour-propre d'un enfant. Vous ne devez jamais oublier à quel point votre enfant veut vous ressembler et être aimé. Les enfants ont besoin d'entendre que vous les approuvez et que vous pensez qu'ils sont merveilleux. Ils ont hâte de voir cette

« lueur dans vos yeux » qui signifie amour et approbation. Vous ne pouvez pas partir du principe qu'ils savent ce que vous ressentez. Ils ne le savent pas. Ils ont besoin qu'on leur dise, encore et encore. À la longue, les récompenses et les compliments s'avèrent être des éléments moteurs meilleurs et plus sains que la peur et la honte. Bien sûr, à chaque fois que vous faites référence au comportement, il est important d'expliquer à l'enfant les avantages et les inconvénients, les raisons et les logiques, quel que soit le problème évoqué.

Offrir une protection. Si un enfant perçoit le monde comme menaçant ou dangereux, il lui est pratiquement impossible d'être courageux et fort, de savoir qu'il peut s'y faire une place sans souci. Mais lorsque vous répondez à ses signaux négatifs de désarroi et de colère en lui permettant justement de les exprimer et en supprimant les facteurs déclencheurs, vous commencez à lui fournir les outils qui lui permettront de faire face. Pour qu'il prenne confiance en lui, rien n'est plus important pour un bébé sans défense que de savoir qu'il peut compter sur vous pour le protéger du danger et de l'angoisse.

LORSQUE L'AMOUR-PROPRE EST TOUCHÉ

Certains parents portent involontairement atteinte à l'amour-propre de leur enfant en interrompant ou en dépréciant ses signaux d'intérêt et de joie, ce qui déclenche une réaction automatique de honte ; et la honte détruit l'amour-propre. Le chapitre 17, consacré à la honte, explique le problème plus en détail.

En tant que médecin, je travaille très souvent avec des familles dans lesquelles les parents et les enfants ont toutes sortes de problèmes liés à un sens défaillant du moi et de l'amour-propre. J'ai pu observer qu'en général les adultes de ces familles rencontrent des difficultés à identifier leurs propres émotions et ne peuvent donc percevoir avec exactitude celles des autres. Ils ne comprennent pas comment fonctionnent les sentiments et les émotions. La famille se retrouve alors dans une situation dangereuse car il y a désaccord entre l'expression des besoins émotionnels de l'enfant et la faculté des parents à répondre de façon appropriée. Alors, souvent, l'enfant n'arrive pas à développer un sens solide du moi – qui il est, ce qu'il aime et n'aime pas, une confiance en ses perceptions et ses sentiments, etc. Lorsque les parents ne sont pas capables de répondre efficacement aux signaux positifs et négatifs de leur enfant, celui-ci peut alors mal interpréter les signaux de ses parents – oui, les parents possèdent aussi ces signaux. La tension qui va alors se développer entre parents et enfant peut contribuer à la dégradation de l'amour-propre. L'enfant peut se mettre en colère, sur la défensive, et devenir intolérant et inflexible, voire renfermé, autodestructeur, envieux et craintif. Certains enfants développent même un sens exacerbé de la suffisance – connu techniquement sous le nom de grandiosité compensatoire – en essayant de compenser leur manque d'amour-propre. Les adultes, eux aussi, peuvent compenser un manque intérieur d'amour-propre en devenant mal à propos majestueux, arrogants et intolérants. En fait, une grande partie des traits de caractère les moins plaisants d'un individu peuvent être attribués au manque de croyance en ses propres valeurs intrinsèques. Être tyrannique. Être timide. Être déprimé, diminué, épuisé. Ces différents traits résultent, en partie, d'un manque d'amour-propre.

Ce genre de faux pas dans l'éducation des enfants peut avoir des résultats désastreux. Mais les résultats d'une éducation positive sont, quant à eux, formidables. Vous et votre enfant appréciez la compagnie de l'autre et prenez plaisir à l'approfondissement de votre affection. Vous accédez au monde délicieusement excentrique que voit un enfant. Vous apprenez de la même manière que votre bébé. Vous prenez confiance en vos compétences éducatives ; votre amour-propre grandit. Avec le temps, vous acceptez que votre enfant devienne un être unique et plein d'assurance. Et parce qu'il possède un solide sens du moi, il sera capable de nouer des relations enrichissantes et de conserver une autonomie salutaire.

9

Stop à la parentalité en pilotage automatique... : reconnaître et assumer le rôle de parents

J'étais très à l'aise avec notre bébé lorsqu'il est arrivé à la maison. J'étais très content qu'Antoine soit là, mais j'étais papa pour la première fois et je ne me sentais pas vraiment concerné. Je ne pouvais pas le nourrir et c'est tout ce qui l'intéressait. J'avais l'impression qu'il pleurait toujours quand je le tenais et qu'il se sentait rassuré quand ma femme le prenait. Puis, un après-midi, ma femme devait aller quelque part ; je suis resté tout seul avec lui. Il devait avoir 2 ou 3 mois. J'étais paniqué mais nous nous en sommes bien sortis. Je me suis rendu compte qu'en fait il avait quelque chose à dire – et il n'avait pas peur de me faire savoir quand il aimait quelque chose ou quand il n'était pas bien. Je me suis senti mieux lorsque je me suis aperçu qu'il n'était pas qu'une machine à manger, à dormir et à faire caca. Est-ce que ça paraît idiot ? Je suis simplement honnête. C'est dur d'être papa. Mais je pense qu'Antoine m'a expliqué comment le devenir dès que j'ai appris à l'écouter. Il semblait en savoir plus que moi sur ce qu'il fallait faire. »

Étienne, 28 ans, père de deux filles et d'un garçon,
se souvenant de la naissance de son premier enfant.

À la naissance d'un enfant, les parents sont si absorbés par les détails concernant l'organisation de la famille et l'adaptation aux horaires du nouveau-né qu'ils finissent par se frayer un chemin dans leur rôle de parents en pilotage automatique, incapables de dire comment et pourquoi ils font les choses. En conséquence, ils exercent leur rôle de parents d'après des sentiments et des attitudes non vérifiés qu'ils ont développés au fil des années. (Les grands garçons ne pleurent pas. Qui aime bien châtie bien. Les gens bien ne se fâchent pas.) Agir sur de tels sentiments et attitudes, sans être conscient de leur nature et de leur impact sur un enfant, peut avoir des conséquences imprévues à la fois sur la personnalité naissante du bébé et sur le propre bien-être des parents.

Cela peut aider de savoir que vous apportez aux échanges avec votre bébé toute une variété d'idées, d'espoirs et de peurs, conscients ou inconscients. Votre personnalité et votre tempérament influencent votre réaction aux défis et responsabilités d'être parent pour la première fois ainsi que la façon dont vous les gérez : êtes-vous accommodant, naïf, déprimé, timide, impulsif, sombre, affectueux, rigide, furieux ou calme ? De plus, la façon dont vous avez été élevé aura une énorme influence sur les échanges avec votre enfant : étiez-vous traité avec chaleur et affection ou vos parents étaient-ils sévères et froids ? Êtes-vous déterminé à élever votre enfant très différemment de la façon dont vous avez été élevé ou au contraire de manière similaire ? Dans un certain sens, de nombreuses personnes et de nombreux souvenirs ont un impact sur les échanges entre mère, père et bébé.

Avoir conscience des forces qui vous habitent et savoir comment elles peuvent toucher votre enfant vous aident à devenir un parent intelligent, quelqu'un qui est à l'écoute des besoins et des traits de caractère de son enfant. Votre enfant a de grandes chances de devenir un être remarquable et charmant, responsable de sa propre destinée. Les cartes sont entre vos mains.

Les parents doivent également se rendre compte que leur nouvelle expérience va les faire changer de façon subtile et profonde. Ceux qui se donnent la peine de réfléchir sur la signification du mot « parent » ont toutes les chances d'être des parents plus heureux avec des enfants eux aussi plus heureux. Leur vie ne sera pas plus prévisible ni mieux réglée, mais ils seront capables de gérer tout ce qui leur arrive. Ils seront mieux préparés à agir pour le bien de l'enfant, le leur et celui de la famille en général.

Qu'est-ce que la parentalité en pilotage automatique ?

Le « pilotage automatique des parents » est une partie de votre personnalité acquise par :
- votre expérience en tant qu'enfant tout au long de votre vie (c'est-à-dire l'attitude de vos parents lorsque vous étiez petit, mais également la manière dont ils vous traitent encore maintenant),
- vos attentes et vos rêves sur ce qui fait une bonne maman et un bon papa,
- vos attentes et vos rêves sur ce qui fait un bon enfant,
- votre propre tempérament et votre propre personnalité.

Ces expériences, ces idées, ces attentes et ces rêves se mélangent pour former votre façon d'agir et de réagir face à votre enfant. Sans que vous y prêtiez attention, ils façonnent votre comportement « automatiquement ».

Tout en essayant d'être de plus en plus attentif aux différentes étapes du développement de votre enfant et à votre rôle dans la croissance et l'épanouissement de votre bébé, prenez le temps de remarquer vos nombreux changements et défis. J'ai eu autrefois une patiente, que j'appellerai Sylvia, qui avait 38 ans. Son père était un homme malheureux, plein de soucis et fréquemment malade, souffrant de violentes migraines et de maladies non diagnostiquées. Il traitait Sylvia avec indifférence, car il ne pensait à rien d'autre qu'à lui-même et à ses problèmes. Il était égocentrique et accablé de doutes de lui-même. Rien ne semblait bien aller pour lui ; il changeait souvent de travail. Sa mère était très aimante, mais cela ne suffisait pas à estomper l'effet que la personnalité du père avait sur Sylvia ni sa propre attitude envers les hommes. Des années plus tard, Sylvia a eu son troisième enfant, un fils.

Contrairement aux deux filles, le garçon était agité et difficile. « Il ne semble pas être très à l'aise dans mes bras », disait Sylvia. Mais en regardant la mère et le fils se comporter sur quelques mois, j'ai remarqué que c'était Sylvia qui n'était pas à l'aise avec lui. Elle aurait été mortifiée et furieuse d'entendre dire qu'elle était moins aimante, moins patiente et moins douce avec son fils qu'avec ses filles. Mais c'était le cas. Quand il pleurait, elle ne se précipitait pas pour le réconforter, comme elle l'avait fait avec ses filles. Elle le touchait moins ; elle le prenait moins dans ses bras. « Je vais en faire un vrai petit dur, si ça continue », disait-elle, sans prêter attention aux sous-entendus de son comportement et de ses propos.

Sylvia s'était inconsciemment mise en tête que son fils serait un hypocondriaque comme son grand-père ; elle pensait que toutes ses expressions de détresse n'étaient que la première étape de la descente vers le genre d'homme qu'elle détestait – un homme comme son père. Déterminée à ne pas lui céder, elle restait indifférente aux expressions de son fils pour l'endurcir. Ironiquement, sa réponse avait l'effet inverse. Involontairement, elle risquait de faire de lui un être renfrogné, coléreux et probablement déprimé. En ne lui donnant pas les réponses d'amour qu'il méritait, Sylvia créait chez son fils les traits de caractère qu'elle détestait tant chez son père.

Cela peut paraître simpliste mais je vous assure que la réaction de Sylvia n'était ni inhabituelle ni le signe qu'elle était une mauvaise personne ou une mauvaise mère. Elle était tout simplement prise dans l'imbroglio des émotions et des idées qui composaient sa personnalité et dictaient son comportement. Malheureusement, parce qu'elle n'avait jamais pris le temps de réfléchir à son comportement envers son fils et à l'éducation des enfants en général, elle était totalement incapable d'atténuer ses impulsions les plus néfastes et de renforcer les meilleures.

Les parents pourraient gagner beaucoup s'ils se donnaient la peine de réfléchir sérieusement sur leur rôle de parents – avant la naissance, pendant la grossesse, après la naissance et pendant toute la vie de l'enfant à un degré ou un autre. Cela fait partie du marché lorsque vous avez le bonheur d'avoir un enfant : vous recevez un enfant et en échange vous devez réfléchir à ce que veut dire être parent et à votre comportement en tant que parent. Pour vous aider à devenir des parents plus conscients de leur rôle, il est conseillé de réfléchir aux sujets qui suivent. À chaque fois que cela est possible, vous devriez en discuter avec votre conjoint pour que vous ayez tous les deux la possibilité de mieux appréhender les problèmes liés à l'éducation de vos enfants.

SUJET n°1 Réfléchir à sa propre enfance

La façon dont vous répondez à vos enfants est en partie influencée par les modèles conscients ou inconscients provenant de votre enfance. Avoir conscience de ces souvenirs et des sentiments qu'ils évoquent vous aidera à comprendre et peut-être à changer la façon dont vous agissez et réagissez face à votre enfant.

Prenez le temps, seul et avec votre conjoint ou vos amis, de vous demander : qu'est-ce qui me plaisait dans l'éducation que me donnaient mes parents ? Qu'est-ce que je n'aimais pas ? Qu'est-ce que je ferais différemment ? Qu'est-ce que je ferais de la même manière ?

Puis demandez-vous sans ambiguïté comment répondaient vos parents à vos signaux de désarroi, de colère, de peur, d'aversion aux goûts et aux odeurs, de joie, de plaisir, d'intérêt et de surprise. Prenez la colère, par exemple : est-ce que vos parents la limitaient, l'ignoraient, la chassaient, l'augmentaient ou y répondaient par la colère ?

Lorsque Frank et Jeanne essayèrent cet exercice, ils butèrent sur quelques révélations plutôt surprenantes : « J'ai demandé à mon mari Frank de me dire ce qu'il n'aimait pas dans la façon dont ses parents l'avaient élevé », dit Jeanne, mère de deux garçons de 6 mois et de 5 ans. « C'est un fils très loyal et ce n'était pas très facile pour lui d'en parler, mais j'ai pensé que ça pouvait nous aider. Nous avions eu une période difficile lorsque notre fils aîné était bébé. Frank travaillait tout le temps et quand il rentrait à la maison, il n'était pas très patient avec tout ce qui bouleversait ses habitudes. Il se mettait en colère quand le bébé pleurait, mettait du désordre ou l'interrompait. Il n'était pas vraiment méchant mais j'avais l'impression qu'il me critiquait et que tout cela l'empêchait de passer un bon moment avec le bébé. Les choses ont recommencé avec le deuxième. Lorsque vous m'avez parlé de cet exercice, j'ai pensé que l'on pouvait essayer de le faire. » Jeanne a déclaré que pendant quelques semaines, Frank semblait ne pas vouloir répondre réellement à la question. Lorsqu'elle le poussait, il disait que ses parents avaient fait du mieux qu'ils pouvaient vu les circonstances difficiles. À sa naissance, ils avaient vécu avec les parents de sa mère et personne n'avait vraiment de vie privée.

« Un jour, je lui ai demandé comment les adultes s'entendaient et comment ils le traitaient, déclara Jeanne. – Je n'y avais jamais pensé en ces termes, dit Frank. Je veux dire, je n'étais qu'un enfant et j'acceptais ce qu'il y avait autour de moi. Je savais que mes parents m'aimaient et je ne me suis jamais posé de questions, je suppose. Mais maintenant que tu me le demandes, eh bien, mon grand-père était un homme très sévère et il exigeait que sa maison fonctionne selon son rythme à lui et selon ses besoins. Lorsque je me manifestais – en laissant traîner mes jouets, en pleurant et en jetant la nourriture –, il me faisait sortir de la pièce. À un an, ma mère devait m'emmener dans la chambre, même si c'était l'heure du repas. Ça la punissait aussi. J'ai grandi en pensant que mes parents ne me protégeaient pas ni ne me défendaient. Personne ne prenait ma défense. C'est drôle, mais malgré cela, j'ai toujours été déterminé à faire fonctionner la maison comme Pépé le faisait... mais encore plus efficacement. S'ils pensaient que c'était bon pour moi, je suppose que c'est bon pour mes fils aussi, même si – comme moi – cela les rend encore plus sauvages et plus agaçants. Je pense que j'ai envie de prouver qu'ils agissaient bien. Mais peut-être qu'ils se trompaient. Maintenant que tu m'en parles, j'en viens à me demander s'ils n'étaient pas un peu injustes envers moi. Et moi, je suis aussi injuste envers mes enfants ? »

Il peut s'écouler des mois avant que les parents arrivent à parler vraiment de leurs sentiments les plus intimes sur leur éducation. Jeanne a eu l'intelligence de laisser venir les choses doucement. Ce genre d'auto-analyse donne de meilleurs résultats lorsqu'elle est faite à son rythme. Les résultats sont parfois très révélateurs et peuvent même changer la façon dont les parents communiquent avec leurs enfants. Et même si vous ou votre épouse n'arrivez pas à parler ouvertement de ce sujet, vous pouvez y penser en privé et parvenir à une conclusion très importante sur l'éducation de vos enfants.

SUJET n°2 C'est votre tour de donner des conseils

Il est souvent plus facile de donner des conseils que d'en recevoir. Donc, pour cet exercice, imaginez qu'un couple vous demande de le guider sur la manière de devenir de meilleurs parents. Que leur diriez-vous et que voudriez-vous qu'ils se posent comme questions ?

Nous avons tous beaucoup plus de choses à dire sur la façon dont les autres élèvent leurs enfants que sur nous-mêmes. C'est tout simplement beaucoup plus facile d'observer les autres que soi-même. Sarah est mère célibataire : « Mon conseil serait simple. Préparez-vous car élever un enfant correctement demande beaucoup de temps, d'attention et représente beaucoup de travail. Ce n'est pas quelque chose que l'on peut faire seul. Il faut de l'aide, un soutien affectif, des conseils, quelqu'un pour partager les responsabilités. Trouvez un moyen de construire un réseau de soutien autour de vous ou vous perdrez l'esprit. Si vous êtes mariée, assurez-vous que votre mari s'impliquera de façon très active. Je connais des amies qui pourraient tout aussi bien être mères célibataires, vu le soutien qu'elles reçoivent et la participation de leur mari. D'une certaine manière, c'est plus facile d'être célibataire – vous n'êtes pas constamment déçue et frustrée. Je suis retournée dans ma ville natale pour vivre près de ma mère la première année après la naissance de Clara. Je suis de retour chez moi, maintenant, mais je n'aurais pas pu le faire sans l'aide de ma mère. »

David, père d'un fils adulte maintenant et d'une fille de 14 ans sa cadette, a un autre point de vue. « Considérez votre enfant comme une personne à part entière. Les enfants ne sont pas stupides ni inconscients. Parler bébé me rend dingue. Parlez à l'enfant comme s'il avait un cerveau dans la tête et il aura beaucoup moins de problèmes pour communiquer et apprendre. J'ai des amis qui ne parlent pas vraiment à leur enfant. Je crois que c'est parce que, pour eux, cela ne fait pas de différence. Au contraire, il y a une différence. Et pour les parents aussi. Si vous ne parlez pas à votre enfant avec un vocabulaire d'adulte, vous avez l'impression que votre cerveau va exploser. »

SUJET n°3 **Posez-vous la question : quand vous étiez enfant, quels conseils auriez-vous aimé donner à vos parents ?**

Qu'auriez-vous aimé que vos parents fassent différemment dans votre éducation ? Et qu'avez-vous apprécié ?

Corinne a été très franche quand je lui ai posé cette question ; si franche qu'elle s'est surprise elle-même. « Je détestais quand mes parents me donnaient une fessée. Ils n'utilisaient que leurs mains et nous tapaient les fesses, mais ça faisait vraiment mal. Ils nous l'ont fait très tôt. Je me souviens quand j'avais 2 ans donc je suppose qu'ils ont commencé bien avant. Comme tous les gamins, je faisais tout ce que je pouvais pour y échapper – je mettais un rembourrage dans mon pantalon, je me cachais, je piquais une crise – mais ils ne se laissaient pas influencer. Ça s'est finalement arrêté quand j'avais 10 ans. Ma mère essayait de me donner une fessée pour quelque chose qui ne devait pas être si terrible que ça, probablement juste de l'insolence. Je me suis alors agrippée au pied de la table de la salle à manger et je n'ai pas lâché. Elle nous a tirées, moi et la table, dans toute la pièce pour essayer de me faire lâcher prise mais je n'avais pas l'intention d'abandonner. Finalement, après avoir pratiquement dévasté la pièce, abîmé le tapis et renversé toutes les chaises, elle a fini par abandonner, dégoûtée. Et elle n'a jamais recommencé. Je dois dire que ce jour-là, je me suis sentie incroyablement supérieure. Mais, chose étrange, je ne pense pas que notre relation s'en est remise. Nous avons toujours été très méfiantes l'une envers l'autre. Et cette histoire de fessées y est, quelque part, pour quelque chose ; je le sais. Je m'en suis bien sortie, un peu grâce à ma mère et beaucoup grâce à moi. J'ai réussi malgré la façon dont j'ai été élevée. »

Si vous n'aimez pas critiquer vos parents sur votre éducation, c'est peut-être parce que vous hésitez à leur reprocher certains de vos propres défauts. Mais vous ne voulez pas ignorer le mérite de vos propres réussites, malgré la façon dont vous avez été élevé. Vous ne voulez pas non plus critiquer vos parents parce que cela semble déloyal, mais émettre quelques objections sur certains points ne remet pas en question leurs qualités et leurs mérites en tant que parents ou personnes. Nous sommes tous des êtres complexes, qui présentons des qualités à la fois admirables et discutables.

SUJET n°4 Demandez-vous pourquoi vous voulez des enfants

Ou demandez-vous pourquoi vous en voulez encore. Prenez le temps de réfléchir à ce que vous attendez de vos enfants. Une compagnie ? De l'aide pour vos vieux jours ? De la fierté ? Du prestige ? De la distraction ? Un sens plus fort de la famille et de la sécurité ? De l'amour ? Quelqu'un qui a besoin de vous ? Vous voulez un garçon ou une fille ? Ou souhaitez-vous donner des petits-enfants à vos parents et leur demander leur approbation ?

Vous n'êtes peut-être pas pleinement conscient de vos motivations pour avoir des enfants ou d'autres enfants. Toutefois, si vous savez, dans une certaine mesure, quelles fonctions vous souhaitez que vos enfants remplissent, vous pourrez éviter de les accabler psychologiquement et le résultat à long terme sera meilleur pour tout le monde.

Le désir d'avoir un enfant est quelque chose de puissant ; les gens ont des enfants pour de nombreuses raisons, logiques ou affectives, justes ou égocentriques – cela fait partie de la nature humaine d'être emporté dans un tourbillon d'impulsions et d'idées. Mais en même temps, il est important d'avoir conscience, autant que possible, de vos motivations ; elles peuvent influencer la façon de vous occuper de votre bébé jour après jour.

Par exemple, les parents peuvent rencontrer des problèmes lorsque leur motivation, non reconnue, pour avoir un bébé est contrariée par la personnalité ou le comportement de l'enfant. Un bébé qui souffre de coliques ne va pas assouvir le fantasme d'avoir un enfant star de films publicitaires (et qui réfléchit sa gloire sur vous). Un enfant avec des problèmes de santé peut aussi bien provoquer une déception qu'une réelle inquiétude. Tout comme un enfant indépendant peut rapidement détruire le rêve d'avoir un compagnon présent toute votre vie. Reconnaître les rêves que vous formez vous permettra de faire face à la réalité, quelle qu'elle soit, avec moins de déception ou de colère. Vos rêves ne disparaîtront pas mais vous serez moins susceptible de faire de votre enfant leur innocente victime.

Lorsque nous avons demandé à des parents pourquoi ils voulaient des enfants, voici les réponses qu'ils nous ont données :

« Pour que rien ne manque à notre vie. La vie, c'est la famille. »

« Sans enfants, vous n'avez pas de repères. C'est la preuve que vous êtes vivant. »

« Pour reprendre l'entreprise familiale. »

« Pour faire mieux que ma mère ne l'a fait avec moi. Pour prouver que je peux réussir. »

« Pour ne pas être seule quand je serai vieille. »

« Pour perpétuer le nom et les traditions de la famille. »

« Pour donner un but à la vie. Sans enfants, on ne grandit pas vraiment. »

« Quelle question stupide ! On a des enfants parce que c'est la vie. »

Certaines de ces réponses sont pleines d'espoir et d'ambition et représentent beaucoup pour les parents. D'autres sont plus pragmatiques. Mais chaque réponse révèle une attitude qui pourrait déclencher une frustration ou une déception si l'enfant n'est pas à la hauteur des espérances. Tout parent devrait comprendre qu'un enfant peut apporter des tonnes de bonnes choses et/ou de problèmes inattendus.

SUJET n°5 Analysez vos rêves concernant le futur de votre enfant

Prenez le temps de réfléchir à ce que vous imaginez comme vie pour votre enfant. Qui et comment sera-t-il ? Un top-modèle ? Un médecin ? Un génie en maths ? Un grand joueur de football ? Un routier ? Calme ? Drôle ? Beau ? La première femme présidente ? Un pantouflard sans aucun avenir ?

Notez si vos rêves sont positifs ou négatifs. Est-ce qu'ils ont un rapport avec l'enfant ou ne sont-ils que des projections de ce que vous auriez aimé être ou même de ce que vos parents auraient aimé que vous soyez ?

Réfléchissez aux espoirs que vos parents nourrissaient lorsque vous étiez enfant.

Demandez-vous si vos rêves concernant votre enfant proviennent de vos propres peurs de l'échec ou de la déception.

Croyez-vous que les réussites de votre enfant dépasseront les vôtres ? Est-ce que c'est plaisant ou menaçant ?

Pensez-vous que vous devez faire mieux ou être meilleur que votre enfant ?

Ce n'est pas si facile de faire face à ce que vous souhaitez vraiment ou redoutez pour votre enfant. Admettre la déception et les inquiétudes est pénible ; vous pouvez même ressentir un sentiment de culpabilité, de colère, de peur. « Ma fille Mathilde n'avait pas plus de 3 mois quand j'ai commencé à me rendre compte que je perdais le contrôle de la situation, se souvient Anne, la mère de Mathilde qui a maintenant 3 ans. J'avais une idée tellement précise de ce que serait ma vie avec un bébé – parfaitement merveilleuse, remplie de joie, et même paisible. En fait, je pensais que ça devait être ainsi. Pour moi, tout le reste n'était que le résultat d'une éducation laxiste. Cette attitude ne laissait aucune place aux problèmes de bébé agité, de difficultés à donner le sein, de bouleversement familial (mon mari a perdu son travail). Je veux dire, je suis une personne intelligente et j'ai toujours pensé que j'avais l'esprit pratique ; mais quand je suis devenue mère, la réalité fut tout autre. Je ne sais pas à quoi je pensais. Tout ce que je sais, c'est que quand ma vie avec le bébé s'est avérée chaotique, et pas très agréable, j'ai été anéantie. Je pensais que je ne valais rien et, j'ai horreur de l'admettre, j'étais très en colère contre la petite Mathilde. Je n'avais de patience pour rien ! Si elle s'agitait au moment du repas ou si, en grandissant, elle jetait sa nourriture partout en mangeant, j'étais furieuse. J'avais l'impression qu'elle me rejetait et donc je la rejetais. J'ai loupé le plaisir de la regarder découvrir le monde jour après jour parce que j'avais l'impression qu'elle ne faisait pas les choses correctement ; et moi non plus. »

Le conflit d'Anne entre la réalité d'avoir Mathilde et ses projections sur sa vie future avec un bébé n'est pas rare. Les parents se retrouvent aussi confrontés à des problèmes des années après quand ils s'imaginent ce que leur enfant sera à l'adolescence ou au début de l'âge adulte ; c'est aussi imprévisible que d'imaginer avant la naissance à quoi va ressembler le bébé !

Curieux de savoir comment les parents imaginaient l'avenir de leurs enfants, nous avons demandé à dix nouveaux parents ce qu'ils souhaitaient pour leur enfant à l'âge adulte. Plusieurs ont dit qu'ils voulaient avoir de bonnes relations avec leur enfant quand ils seraient vieux et auraient besoin d'aide. Ils pensaient que c'était important d'avoir l'amitié de ses enfants. Nombre d'entre eux ont parlé de la distance qu'il y avait entre eux et leurs parents – leurs sentiments d'amour et de devoir mais pas d'affection. Une mère célibataire de 39 ans a déclaré : « J'imagine que mon enfant sera la personne que j'aimerai le plus au monde. Ce serait horrible qu'il ne m'aime pas alors que j'éprouve tout cet amour pour lui ! »

Un homme d'affaires de 55 ans, fondant une nouvelle famille, dit : « Je n'ai pas vu mes enfants grandir la première fois. Je travaillais tout le temps. Nous avons des liens de famille entre nous mais nous n'avons jamais été réellement proches et c'est dommage. Avec cet enfant-là, tout sera différent. »

Une femme de 36 ans, qui travaille et qui a une fille, a dit : « Je n'aime pas vraiment mes parents. Je ne veux pas avoir un enfant qui ait les mêmes sentiments pour moi. Je vais tout faire pour que nous soyons amies et qu'elle puisse toujours me faire confiance. »

Sept parents ont déclaré qu'ils voulaient que leur enfant soit en bonne santé ou, au moins, qu'il n'ait pas à se soucier de l'argent. Ces parents semblent en partie motivés par la sécurité financière et surtout par le statut. Pour les filles, les parents espèrent qu'elles feront un bon mariage et auront une belle carrière.

Un autre groupe de six parents m'a dit qu'ils voulaient que leur enfant soit en bonne santé et apprécié. Ces vœux simples et élémentaires sont valables pour tous les enfants. Il ne semble pas y avoir de complication cachée – sauf peut-être une. Si être apprécié devient un poids trop lourd à porter, un enfant peut grandir en pensant qu'exprimer un désaccord ou une colère légitime n'est ni sain ni positif. Et cela peut conduire à toutes sortes de problèmes potentiels d'amour-propre et de comportement.

Deux parents ont déclaré qu'ils espéraient que leur enfant soit plus confiant et plus sûr de lui qu'ils ne l'avaient été. « J'étais si timide. Pendant toute ma scolarité, je n'ai pas pu parler en classe. J'étais toujours si embarrassée. Je ne sais pas pourquoi. J'étais intelligente et jolie, mais j'étais tout le temps angoissée », dit une maman d'un petit garçon de 18 mois intrépide et plein d'énergie. « J'étais déterminée à élever un enfant pour qu'il se sente à l'aise dans ce monde et je pense que j'ai réussi. »

« Pour moi, la grande différence entre la façon dont mes parents m'ont élevée et celle dont j'élève mon fils est que je prête attention à ce qu'il a à me dire. Mes parents pensaient que nous devions nous taire et nous asseoir. C'est à peu près les seuls conseils que nous avons reçus. Ils ont eu sept enfants en neuf ans, alors je comprends. Mais si on veut avoir autant d'enfants, il vaut mieux s'y préparer. Mes parents n'étaient pas prêts. »

Trois parents ont déclaré qu'ils voulaient que leur enfant fasse le même métier qu'eux, ou entre dans l'entreprise familiale. « Je dirige une société immobilière, a déclaré un homme de 45 ans, père d'un tout jeune garçon et d'une petite fille de 5 ans. Je rêve qu'une fois ses études terminées, Stéphane devienne mon associé. Je veux que cette société reste dans la famille pour les générations à venir. » Lorsqu'on lui a demandé ce qu'il ferait si son fils voulait devenir professeur, peintre ou agent de change, il a frissonné. « Je le formerai très tôt, je le prendrai avec moi au bureau et je l'aiderai à apprendre au fur et à mesure qu'il grandit. Ce sera dans son sang, je le sais. » Et si sa fille voulait le rejoindre ? « Je m'occuperai de ce problème en temps voulu », dit-il.

Un père a déclaré qu'il voulait que sa fille devienne la première femme présidente. « Elle est si incroyable déjà à 9 mois, je sais qu'elle sera capable de conquérir le monde. »

Ce que ces parents nous ont dit est très révélateur ; mais la plupart de leurs espoirs et de leurs craintes sont on ne peut plus conscients – ils n'ont révélé aucun grand secret. Ça demande un examen de conscience un peu plus poussé. Vous pouvez essayer de faire surgir vos pensées secrètes et vos émotions inconscientes. Mais il vaut mieux y aller doucement, laisser faire le temps ou le faire dans le cadre d'une thérapie. Si vous choisissez de ne pas suivre ce chemin, ce serait très intéressant d'entendre ce qui sort de votre bouche lorsque vous répondez à la question : qu'espérez-vous le plus ardemment pour votre enfant ?

SUJET n°6 Discutez avec votre conjoint de la façon dont vous allez élever votre enfant

C'est étonnant, le nombre de parents qui ne prennent pas le temps de parler de leur point de vue sur l'éducation des enfants. Bien qu'il soit difficile d'aborder ce genre de problème avant la naissance de l'enfant, il y a quelques sujets d'ordre général, tels que la discipline ou le partage des tâches, dont vous pourriez parler avant même la grossesse.

En général, la compréhension du processus des neuf signaux est d'une aide précieuse pour la discussion. Les problèmes de savoir comment se comporter avec un bébé et comment répondre à ses besoins sont résolus dès que vous comprenez pourquoi il agit de cette façon et quelles sont les réponses appropriées. J'ai rencontré une fois un couple qui se disputait continuellement à propos de l'aménagement de la chambre de bébé avant la naissance. La maman désirait arranger la chambre et s'assurer qu'elle serait belle et confortable pour le bébé. Son mari pensait que c'était ridicule de perdre son temps et de dépenser de l'argent car l'enfant, selon ses propres termes, « ne saurait même pas à quoi ressemble sa chambre de toute façon ». Au cours des discussions que nous avons eues, il s'est avéré qu'il ne comprenait vraiment pas que les bébés puissent réagir et être touchés par leur environnement. Il pensait que le bébé était une sorte de masse inerte et il ne s'intéressait guère à ce qu'il pouvait ressentir ni à ce qui le concernait. Il ne savait pas non plus que l'humeur de sa femme serait importante pour le bébé et que si la chambre la rendait heureuse, c'était une bonne raison pour que la chambre soit comme elle le voulait. Ce ne fut qu'après de nombreuses heures de discussion qu'il commença petit à petit à comprendre qu'un nouveau-né est réceptif et expansif, et qu'il avait un rôle important à jouer dans le développement de son enfant si seulement il était désireux d'apprendre.

Les autres thématiques sont très intéressantes : combien de temps pensez-vous consacrer à l'éducation de vos enfants ; la discipline ; à quoi va ressembler, selon vous, votre emploi du temps quotidien ; les horaires de sommeil ; à quoi ressemble la maison ; la scolarité ; le système de garde ; l'argent ; les repas et les horaires.

Ce bouleversement de la vie quotidienne doit être mis au jour au préalable. « Marc et moi n'avons pas vraiment parlé des détails, avoue Lisa. Je suis tombée enceinte avant notre mariage ; nous n'avions pas prévu d'avoir un enfant ni de nous marier, bien que nous l'envisagions – et ensemble. Puis le bébé est arrivé et nous nous démenions pour que tout marche bien. Maintenant que le bébé va sur ses 2 ans, nous découvrons que nous avons des comportements très différents face aux conflits et à la discipline. Marc est très indulgent. Je pense qu'il faut fixer des règles à l'enfant et s'y tenir. Je finis toujours par avoir le rôle de la méchante et je le supporte mal. Mais si je ne le fais pas, personne ne va le faire. Bon, je ne sais pas, peut-être qu'il a raison. Je suis peut-être trop sévère. Mais je suis hors de moi. Je sais qu'il faut parler de ces différences. »

SUJET n°7 Apprendre autant de choses que possible sur le développement de l'enfant

Comprendre les signaux de votre bébé et de votre enfant, l'importance et la signification de ses comportements, vous aidera à devenir des parents plus réceptifs et plus souples. Sans les informations ou les conseils extérieurs, votre style d'éducation pourrait se limiter à un système fermé fondé entièrement sur votre propre éducation et vos propres fantasmes. Essayez d'ouvrir le système autant que possible. Si deux avis valent mieux qu'un, trois valent mieux que deux. Lorsqu'il s'agit des enfants, vous n'aurez jamais trop de conversations avec votre conjoint, vos amis et votre bébé.

Bien sûr, la véritable clé est d'aimer votre bébé explicitement – témoignez-lui autant d'amour et d'affection que possible, que vous soyez mère ou père, que le bébé soit un garçon ou une fille. Toutefois, ce n'est pas toujours aussi facile. Certaines personnes ont des aptitudes plus ou moins grandes à aimer, souvent fondées sur leur propre éducation. Ainsi, alors que certains parents ont des sentiments excessivement positifs envers leur bébé, d'autres ne peuvent s'empêcher de ressentir des sentiments négatifs. Tous les parents, à un moment donné, auront des sentiments négatifs envers leur enfant. Comprendre la nature des signaux de votre enfant et comment vous interagissez avec lui peut vous aider à entretenir une meilleure relation et éviter ces cycles malveillants d'incompréhension qui souvent entraînent dépression, tristesse et ressentiment et portent atteinte aux relations parents-enfant et parent-parent.

10

... et devenir des parents avertis : apprendre à connaître votre enfant

« Récemment, je n'ai pas su interpréter les expressions de Sarah tout simplement parce que je ne voyais pas les choses de son point de vue. L'autre jour, nous sommes allés déjeuner avec deux autres amis. Je l'ai placée dans un siège qui se fixe sur le bord de la table. Elle semblait aimer ça. En fait, l'expérience a été très agréable. Elle adore regarder les gens et voir de nouvelles choses ; et il se passait beaucoup de choses dans cet endroit ce jour-là. Donc elle était plutôt tranquille. Mais elle n'arrêtait pas de se pencher et de regarder sous la table avec une expression de grand intérêt et de stupéfaction. Nous lui donnions à manger des morceaux de poulet et des légumes ; je ne pouvais pas regarder de l'autre côté – elle était dans une alcôve – mais je supposais qu'elle jetait de la nourriture par terre et l'observait d'un air inquiet. Nous avons dit : « Ce n'est rien, voilà un autre morceau », ou « Tu ne peux plus avoir celui-là. Il est par terre. » Au cours du repas, elle regardait de plus en plus en bas, vers la gauche. Nous avons fait semblant de l'ignorer. Elle n'était pas agitée. Après environ quarante minutes, nous étions prêts à partir et je suis allée vers elle pour tirer le siège et la faire descendre ; et là, je me suis aperçue qu'en fait elle avait réussi à se coincer la jambe entre deux parties du siège, contre le métal dur. Je n'en croyais pas mes yeux. Pendant tout ce temps, elle avait regardé sa jambe pour nous dire que quelque chose n'allait pas. Il y avait

beaucoup de monde, nous avions du mal à bouger et elle était très tranquille ; je n'ai donc jamais pris le temps de faire un effort pour regarder ce qui retenait son attention et pour l'aider à se sortir de cette situation. C'était incroyable ! Je me suis sentie si mal. Mais maintenant je sais qu'elle n'est pas du genre à se plaindre. Depuis ce jour, je fais beaucoup plus attention et je prends le temps de considérer les choses de son point de vue à elle. »

Delphine, mère de Sarah, 14 mois

Une fois que vous commencez à comprendre vos propres sentiments sur l'éducation des enfants et que vous essayez de comprendre ce que votre bébé « dit » quand il pleure, murmure, gazouille et fait des grimaces, vous êtes bien parti pour créer une relation enrichissante et faire de votre enfant un être heureux. Vous avez coupé le pilotage automatique et vous êtes prêt à prendre en main l'interaction avec votre enfant.

Regarder le monde avec les yeux du bébé

Dans toute relation importante, il est utile de prendre en compte le point de vue de l'autre personne – et non le vôtre. C'est la même chose avec un enfant qu'avec un adulte. Si vous pensez à la personnalité et aux besoins de votre enfant, vous pouvez créer un environnement qui lui permettra de devenir lui-même. C'est un vrai défi que de nouer de nouvelles relations durables, et cela demande beaucoup de temps et de travail, que ce soit avec des collègues, des relations sentimentales ou des petits enfants.

Créer des temps de pause. L'un des moyens les plus efficaces pour apprendre à regarder le monde avec les yeux de votre enfant – et de nouer un lien chaleureux – est d'organiser régulièrement ensemble des « temps de pause ».

Pendant au moins quinze minutes par jour, voire un peu plus longtemps ou plus souvent si possible, vous vous installez par terre avec votre enfant et c'est lui qui dirige les activités. Votre rôle est de participer, d'enrichir et d'observer. Résistez à l'envie de prendre les rênes ou d'être le chef. C'est votre enfant qui vous dit ce qu'il veut faire ; ce qui l'intéresse ; ce qu'il ressent.

Cette technique a été créée par le professeur Stanley I. Greenspan de la University Medical School de Georgetown. « Le temps de pause est un moyen chaleureux et intime de communiquer avec un enfant, a-t-il déclaré. Cela signifie s'engager, respecter et s'entendre avec l'enfant afin de l'aider à exprimer ce qu'il pense par des gestes, des mots et des jeux où l'on fait semblant. Cela accroît son amour-propre et son assurance et lui donne le sentiment qu'il peut avoir un impact sur le monde. Comme vous acceptez son jeu, l'enfant tire profit de cette expérience de chaleur, de communication et de compréhension. »

Comment fonctionne le « temps de pause ». Trouvez un endroit confortable pour tous les deux, peut-être sur une couverture, et regroupez dessus les jouets, les livres et les objets préférés de votre enfant. Placez l'enfant au centre de cet espace, mettez-vous à plat ventre ou asseyez-vous face à lui pour être à la même hauteur que lui.

Suivez les directives de votre enfant et participez à tout ce qu'il entreprend. Répondez à tout ce qu'il fait comme si c'était intentionnel et lourd de sens. Aidez-le à faire ce qu'il a envie de faire. Ne prenez pas les choses en main, soyez plutôt un assistant accommodant et joyeux.

Une fois que vous avez laissé votre enfant établir le programme et diriger les activités, vous pouvez vous attarder sur les activités en exprimant votre intérêt et stimuler son cerveau pour comprendre la relation entre ses pensées et ses actions. (« Tu es une gentille petite fille. Peux-tu faire rouler le ballon jusqu'à moi ? ») Le récit des activités aide votre enfant à apprendre comment exprimer ses propres idées et à définir ce qu'elle fait pour elle-même. Mais il faut être prudent sur la façon de poser les questions. La phrase « Pourquoi est-ce que tu mets autant de bazar ? » est critique et stérile. « C'est amusant comme tu lances les balles loin ! » est une phrase constructive qui montre à l'enfant que vous comprenez que ses actions ont une signification positive. N'essayez pas d'interrompre une activité ; faites en sorte que ce soit interactif.

Donnez à votre enfant qui ne sait pas encore parler une chance de vous répondre lorsque vous posez des questions ou lorsque vous faites des commentaires. Laissez-le s'exprimer et faire du bruit, des gestes. Observez-les puis répondez à leurs messages. N'oubliez pas : l'enfant est assis à la place du conducteur.

Si votre enfant refuse votre participation, ne vous retirez pas, attendez simplement quelques secondes pour voir ce qui se passe puis engagez-le de nouveau dans le jeu. Le « temps de pause » est important car il permet à votre enfant de s'exprimer et d'exprimer son intérêt pour vous, le parent. Cela vous permet d'apprendre à le connaître et lui, d'apprendre à se connaître lui-même. L'interaction prépare également les négociations entre l'enfant et le parent pour les moments où votre enfant veut une chose et que vous avez un avis différent sur la question. La négociation peut et doit avoir lieu, et ce que vous apprenez l'un de l'autre lorsque l'enfant est petit vous donnera une base solide pour des relations mutuellement respectueuses au cours des années à venir.

Passer des moments de quantité – même si la qualité n'est pas parfaite

Pendant deux ou trois décennies, la notion de moment de qualité a fait l'objet de nombreux débats. D'après les partisans, même si vous n'avez pas beaucoup de minutes ou d'heures à consacrer à vos enfants, les moments que vous passez avec lui compensent les autres s'ils sont remplis d'activités merveilleuses et d'échanges fabuleux. Toute cette notion a été élaborée afin que les parents qui travaillent se sentent moins en conflit et moins coupables d'avoir à diviser leur temps et leur attention entre les enfants et le travail. Mais cette idée est essentiellement fausse et n'est bonne ni pour les parents ni pour les enfants à longue échéance.

Les enfants ont besoin de quantité mais aussi de qualité avec vous. Et tout cela peut se mélanger entre le temps passé en tête à tête, le temps passé rien qu'en entendant la voix de l'autre, le temps passé avec parent et enfant proches l'un de l'autre mais chacun absorbé par ses propres activités. Du temps à faire les mornes tâches quotidiennes, du temps à s'amuser, du temps à s'asseoir calmement, du temps rempli d'activités diverses. C'est le flux et le reflux de la vie de tous les jours et l'interaction régulière et sécurisante entre parents et enfants qui donnent un sentiment de sécurité, de connaissance de l'autre et de confiance. Les parents ne doivent pas faire de chaque rencontre avec leurs enfants une rencontre « enrichissante ». Vouloir à tout prix une relation de qualité peut faire agir les parents plus comme des membres de la famille distants et indulgents que comme des parents aimants. Souvent, moins de qualité et plus de quantité est mieux pour les parents comme pour les enfants. De plus, un moment de quantité est plus facilement gérable si vous gardez en tête les conseils de base pour maîtriser la communication des bébés – maximiser l'intérêt et le plaisir, et permettre l'expression de détresse et autres signaux dits négatifs, tout en répondant judicieusement pour supprimer les facteurs déclencheurs.

Contrairement à ce que vous pensez, ce n'est pas si difficile de réussir. Au XIXe siècle et au début du XXe, beaucoup de gens travaillaient dix à douze heures par jour ou même plus, souvent avec l'aîné des enfants, dans les champs ou à l'usine. De nos jours et dans les pays occidentaux, les enfants n'ont pas le droit de travailler et les parents ne travaillent généralement pas aussi longtemps. La plupart des familles passent leurs vacances et leurs congés ensemble – un autre exemple de situation relativement moderne. Et les week-ends se passent en principe en famille à la maison. Vous n'avez peut-être pas beaucoup de temps pour emmener vos enfants à de grands événements, mais il y a malgré tout de nombreuses occasions – la lessive, les courses, l'heure des repas, le jardinage, le ménage, la lecture, les promenades en famille – de passer du temps ensemble. Les bébés et les jeunes enfants sont ravis de vous avoir près d'eux, de vous écouter parler et expliquer ce que vous faites, de se trouver impliqués d'une façon ou d'une autre. Ces moments de vie fournissent également de grandes opportunités d'apprentissage. Les enfants voient comment vous pensez, régulez la tension et résolvez les problèmes ; ils intériorisent ces modèles et se les approprient.

Ralentir

Une autre façon de mieux apprendre à connaître votre enfant est de ralentir. Votre rythme d'adulte est peut-être trop rapide ; vous risquez de manquer ce qui se passe dans sa tête si vous exécutez efficacement et rapidement une tâche facile puis passez à une autre. Si ralentir est trop difficile pour vous, respirez à fond une ou deux fois ou comptez jusqu'à dix pour ajuster votre compteur de vitesse. Cette notion est liée à l'idée de « temps de pause » – au lieu de participer au jeu de l'enfant, vous vous adaptez à son rythme pour effectuer des « tâches » et des « choses qui doivent être faites ».

Des conseils sur le rythme de Bébé

Faites des gestes lents et calmes.

Parlez normalement, mettez des mots sur les actions et les émotions (les vôtres et celles de votre enfant) et écoutez-le.

Suivez son exemple : à quelle vitesse aime-t-il qu'on lui mette son pyjama ? Peut-être faut-il le laisser regarder autour de lui quelques secondes ou quelques minutes avant de lui enfiler le deuxième bras. Mettez de la musique et chantez avec lui en lui changeant sa couche ou expliquez-lui exactement ce que vous êtes en train de faire. Prêtez attention aux signaux qu'il vous envoie concernant son sens du timing et essayez de vous adapter à ce rythme. Vous serez surpris de constater qu'on y gagne en temps car les minutes passées à suivre le rythme de votre enfant préviennent tout risque d'agitation, de pleurs et de refus d'aller au lit, ce qui peut arriver si vous faites accélérer les choses.

N'oubliez pas que, pour un enfant, il est très difficile de ne pas pouvoir se déplacer de façon indépendante ni de contrôler votre environnement. Les bébés dépendent de quelqu'un pour faire presque tout. Si vous considérez le monde avec ces yeux, vous comprendrez un peu mieux à quel point cela peut être pénible lorsque quelqu'un se précipite sur vous pour vous faire mettre vos bras et vos jambes dans un pyjama.

Faire la lecture aux bébés

Même un enfant de 4 mois peut apprécier la lecture d'un livre : la musique de votre voix, les images pleines de couleurs, la sécurité et le confort de vos genoux sont des facteurs très motivants. Si vous lui donnez très tôt cette habitude, vous lui offrez une autre façon d'apprendre à utiliser les mots pour exprimer des émotions et des idées au lieu de les extérioriser. La lecture renforce également la notion d'exprimer ses idées, ses pensées et ses émotions par des mots. Tout ce qui peut accroître ce processus – l'utilisation de mots – permet à l'enfant de développer une pensée plus symbolique et élargit ses possibilités émotionnelles et comportementales.

De plus, les enfants à qui l'on fait la lecture dès leur plus jeune âge ont tendance à apprendre à lire plus facilement et sont de plus fervents lecteurs tout au long de leur vie. Les aptitudes à lire sont directement liées à la réussite à l'école et dans la vie.

Lire un livre à votre enfant et avec lui vous permet d'apprendre beaucoup de choses sur sa personnalité. Les réactions des enfants face à un livre sont très vives. Ils adorent toucher les images lorsque vous prononcez les mots ; ils rient, s'excitent et tournent rapidement les pages. Vous avez ainsi une idée de ce qui les intéresse et les excite. Vous avez la possibilité de voir comment fonctionne leur esprit.

Faire du monde un endroit accueillant

Les parents ont la possibilité de faire du monde de l'enfant un endroit accueillant plutôt qu'hostile. Si vous êtes suffisamment réceptif aux besoins de votre bébé, vous lui créerez un monde intérieur accueillant qui l'aidera à penser que le monde extérieur l'est également. En créant autour de lui un environnement réceptif et empathique, vous aidez votre bébé à devenir optimiste et enjoué. L'enfant a ainsi plus confiance en sa capacité à comprendre de façon réaliste les problèmes du monde en général.

Si vous essayez d'« endurcir » votre enfant en « n'accédant pas à ses demandes » ou en « ne compatissant pas à ses peurs », il pensera que le monde est un endroit angoissant. Cette peur sera une entrave à son développement émotionnel et intellectuel et l'empêchera de s'adapter correctement aux circonstances. Si votre enfant voit le monde comme un endroit hostile dans lequel ses besoins resteront sans réponse, il peut réagir de façon agressive et hostile aux situations qu'il rencontre ou même les fuir, s'imposant ainsi beaucoup trop de restrictions. L'enfant va devenir plus faible et non plus fort. La meilleure façon de rendre un enfant résistant – c'est-à-dire capable de faire face à l'adversité –, c'est de lui créer un environnement réceptif et empathique. En d'autres termes, la clé pour s'en sortir dans ce monde moderne est d'avoir la faculté de s'adapter, d'avoir une idée précise de ce que l'on vous impose, que ce soit positif ou négatif. Communiquer suffisamment et de façon coopérative avec différents types de personnes et de situations aidera votre enfant à s'épanouir.

DES CONSEILS ET NON DES RÈGLES

Nous allons maintenant passer à la seconde partie du livre où nous étudierons en détail chacun des neuf signaux. Mais je veux prendre un instant pour vous assurer qu'il existe de nombreuses manières de bien élever un enfant. Il n'y en a pas qu'une seule, mais cela peut vraiment vous aider de connaître les signaux et de savoir comment fonctionne la vie psychique d'un enfant. Il ne s'agit pas du tout de trouver des solutions inattaquables. Il s'agit d'être capable de bien maîtriser le rôle de parent et tout ce que cela implique. La compréhension des signaux vous sera d'une aide précieuse pour faire face à tous les événements et émotions qui arrivent pêle-mêle d'un jour à l'autre.

Le but n'est pas d'être des parents parfaits – cela n'existe pas. Le but est de pouvoir :

exprimer votre amour et votre respect pour votre enfant (et pour vous-même),

aider votre enfant à réguler la tension et à développer l'amour-propre,

favoriser la communication entre vous et votre enfant en vous appuyant sur les neuf signaux... et d'y être à l'aise pendant cette brève mais importante période préverbale.

Seconde partie

Les signaux

Les signaux de plaisir : l'intérêt, la joie, la surprise

L'intérêt, la joie et la surprise sont les trois signaux que le bébé utilise pour exprimer son appétit pour toutes les merveilleuses richesses et découvertes qui l'entourent dans son nouveau monde.

Deux signaux, l'intérêt et la joie, témoignent du plaisir qu'éprouve un enfant à rencontrer le monde et sont essentiels à son développement émotionnel et intellectuel. Lorsque les parents et les fournisseurs de soins encouragent l'expression de ces signaux, ils aident l'enfant à se construire une base psychique solide. Cela accroît les chances de l'enfant de devenir un être intelligent et confiant, rempli d'optimisme et d'entrain, prêt à relever les défis complexes et difficiles de la vie.

La surprise, troisième signal de plaisir, est une réaction à un stimulus soudain, tel un énorme bruit. Elle met le bébé en alerte et le prépare à quelque chose qui pourrait éventuellement se produire.

Le principe de base est de maximiser ces signaux positifs.

L'intérêt et la joie doivent être encouragés, et non ignorés.

La surprise doit être gérée de manière à permettre à l'enfant de passer de la surprise à l'intérêt plutôt que de la surprise à la peur.

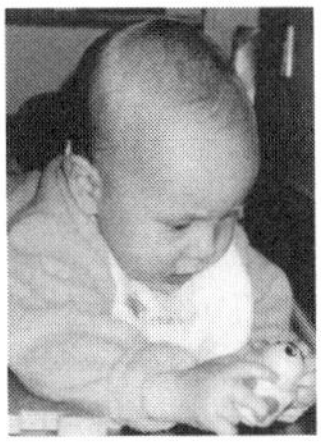

11

L'intérêt

Lorsque votre bébé exprime le signal d'intérêt, il est totalement captivé. Ses sourcils sont légèrement levés ou baissés. Sa bouche est un peu ouverte. Si l'objet qui a attiré son attention bouge, il ne le quitte pas des yeux. Tout son corps semble en alerte, même un peu tendu. Il peut tourner la tête, voire son corps, en direction de l'objet en question. S'il sait ramper ou marcher, il ira vers lui. L'intérêt va crescendo jusqu'à l'excitation.

J'ai deux filles, maintenant grandes, qui dès le départ ont exprimé leur personnalité et leur talent spéciaux par le biais de ce qui les intéressait. La plus jeune, qui a fini par étudier l'art, était toujours captivée par la couleur et la forme des choses – dès qu'elle a su ramper, elle s'est dirigée tout droit vers l'objet le plus coloré de la pièce. Elle adorait toucher les choses, tracer leur forme avec ses mains. Nous avons tout de suite essayé de placer devant elle beaucoup d'images intéressantes pour l'aider à connaître le monde sous la forme qu'elle aimait. Ma fille aînée, quant à elle, était très différente. Elle semblait aimer s'imaginer les choses, savoir comment elles étaient assemblées, ce que les

gens disaient, la signification de tout. Elle avait une approche beaucoup plus analytique et quelque part plus observatrice ; elle n'était pas participante. Peut-être parce qu'elle était ma première fille, je ne savais pas très bien comment l'encourager. Je lui donnais des cubes et d'autres jouets avec lesquels elle pouvait construire des choses ; puis je prenais plaisir à l'emmener voir des films, même lorsqu'elle n'avait que 2 ans. Ils attiraient son attention, contrairement à la plupart des enfants. Elle était plus réservée, même très petite. Maintenant elle est comptable, et elle est très douée. Mes deux filles adorent leur travail. Je suppose que nous les avons laissées découvrir leurs intérêts puis continuer dans cette voie. Je pense que si vous prêtez vraiment attention aux bébés, ils vous diront ce qu'ils seront plus tard, en tant qu'adultes ; et vous, en tant que responsable de leur personne, c'est votre devoir de les aider à y parvenir sans trop de difficultés.

Laura, 47 ans

L'intérêt des bébés pour ce qui les entoure commence dès la naissance. Leur façon d'explorer le monde leur permet d'apprendre beaucoup de choses sur eux-mêmes, sur les autres et sur la vie en général. Les bébés sont de merveilleuses machines à intérêt – dévorant tout ce qui traverse leur champ visuel, et emmagasinant autant d'informations que possible. Dès la naissance, le cerveau d'un enfant est programmé pour trouver et répondre à toutes formes de stimulations. Les enfants sont contraints d'utiliser leurs sens pour comprendre le monde. Ils obtiennent des informations et du plaisir à partir d'expressions d'intérêt comme regarder, toucher, sentir, goûter et des comportements que de nombreux adultes essaient de supprimer comme jeter, attraper et tirer. Ces tendances exploratrices, à la recherche de stimulus, sont très importantes : c'est notre façon d'apprendre.

Les expressions d'intérêt des enfants frappent souvent les adultes qui trouvent que ce sont des comportements risqués ou mauvais. L'inquiétude compréhensible d'une mère envers la sécurité d'un bébé ou le désir d'éliminer la pagaille, le bruit, les saletés qu'un enfant « intéressé » peut produire, peut créer un conflit avec l'expression d'intérêt de l'enfant. Si les intérêts d'un enfant ne sont pas reconnus – s'ils sont réprimés, critiqués ou contrariés –, un enfant peut alors être amené à avoir honte de son comportement exubérant et curieux. Ce sentiment de honte peut gêner ces activités exploratrices et empêcher le bon développement de l'amour-propre et de la compétence. Cela ne veut pas dire que les parents doivent renoncer à l'ordre, aux règles ou à leur besoin d'un peu de paix et de tranquillité, mais que dès le premier jour ils sont face au défi de trouver le moyen d'encourager et d'apprécier l'intérêt, même s'ils doivent le canaliser ou l'influencer.

Par exemple, si votre bébé rampe sur le paquet posé par terre et commence à tirer sur le ruban, votre but en tant qu'adulte est quelque peu complexe : empêcher le paquet d'être détruit, mais en même temps considérer ce qui se passe du point de vue de l'enfant et non simplement du vôtre. Vous pouvez ensuite résoudre le conflit pour que le paquet reste intact et que l'enfant se sente bien dans son expression de l'intérêt.

Pour le bébé, le fait de tirer sur le ruban déverse une cascade de nouveaux attraits et de nouvelles informations. La couleur et la texture du ruban sont intéressantes. Le fait que le ruban, lorsqu'on le tire, s'allonge, est intrigant. Le bébé change la forme d'un objet. C'est à la fois un mystère et un plaisir fou. Il a un effet sur le monde ; il fait l'expérience du pouvoir, chose que les enfants ont d'ailleurs très peu. Il est incapable de se déplacer seul, de se nourrir seul ou de rivaliser avec les adultes. Mais avec ce ruban, mon Dieu ! Bébé part à la conquête du monde ! Ce petit événement donne, au cerveau en pleine évolution, une idée de ce que peut être la vie.

Pour les parents, cet événement prend une tout autre dimension. L'enfant détruit quelque chose qui n'a de la valeur que s'il reste intact. Il n'y a aucun plaisir ni intérêt à défaire le ruban. L'enfant touche au monde tel qu'il doit être. Les parents se sentent défiés et même un peu bouleversés.

Vous voyez le conflit ? Avec les enfants, même le plus simple échange peut prendre des proportions inattendues. Dans une situation comme celle-ci, la façon dont vous réagissez peut avoir toutes sortes de répercussions, à court et à long terme. À court terme, votre réponse au signal d'intérêt peut avoir des conséquences sur l'humeur de l'enfant et sur la vôtre – et une influence si vous êtes avec un enfant agité et contrarié (ce qui n'est jamais plaisant pour vous) ou si tous les deux continuez d'apprécier vos échanges tout en nourrissant la curiosité de votre enfant. À long terme, si vous ne prenez pas le temps de voir ce qui se passe avec les yeux de l'enfant, et si vous n'essayez pas de répondre en gardant cela à l'esprit, vous allez établir avec votre enfant une relation fondée sur les conflits de pouvoir – des conflits qui souvent s'enveniment et s'affirment avec le temps. Une relation fondée sur le « non » peut se transformer en champ de bataille.

Alors que faire lorsque Bébé tire sur le ruban ? Vous pouvez lui dire qu'il a fait du bon travail, qu'il a découvert une nouvelle information magnifique. « Tu comprends comment ce ruban fonctionne ? » « Tu l'as vraiment tiré par la queue, hein ? » Vous aurez de nombreuses occasions, quand il sera plus grand, de lui expliquer que faire le nœud demande des efforts, un concept qu'il ne comprendrait pas maintenant. Si vous avez le temps et si la situation le permet, c'est important d'accorder au bébé un triomphe personnel.

En même temps, vous souhaitez attirer son attention et son intérêt sur un objet moins problématique. « Regarde, si tu tires sur mon lacet, il se défait aussi. Laisse-moi te montrer. » Ou alors, donnez-lui un autre morceau de ruban et une boîte pour qu'il puisse jouer avec. Ou encore détournez son attention : « Hé ! et si on promenait nounours sur ton ventre ? Tiens, le voilà. Tu lui dis bonjour ? » Détourner l'attention et distraire sont vos deux principaux outils et ils marchent. Encouragez l'intérêt, ne l'étouffez pas.

Le Dr Virginia Demos, une formidable coordinatrice du travail clinique et de la recherche sur les enfants, a étudié en détail ces diverses activités exploratrices ainsi que les réponses des parents. Elle a remarqué que l'un des malentendus les plus fréquents impliquait certaines activités auxquelles se livrent les bébés comme taper, jeter, mettre à la bouche, mordre, tirer, ramasser et laisser tomber. À moins qu'elles ne soient pratiquées lorsque l'enfant est en colère, ces activités sont presque toujours dans le domaine de l'exploration et du jeu et sont alimentées par l'intérêt et la joie. Néanmoins, elles finissent souvent par des dégâts, du bruit assourdissant et une pagaille monstre. Les parents ne perçoivent généralement pas le côté affectif de cet intérêt ni les projets qui y sont liés, mais se concentrent exclusivement sur les conséquences – réelles ou éventuelles – d'un tel comportement. Vu sous cet angle, les parents considèrent souvent ce comportement comme un acte hostile et destructeur. Cette interprétation conduit alors les parents à punir, à gronder ou à limiter les activités de l'enfant. Ainsi, ce qui a commencé comme une activité intéressante et relativement bienveillante se termine par un échange négatif avec les parents. Parce que l'enfant ne comprend pas forcément ce qui a bien pu provoquer la réponse des parents – le côté affectif de l'intérêt ; le fait de taper, de tirer, de jeter ; ou le résultat de ces actions –, les conséquences de ce genre de malentendu peuvent varier. L'enfant peut reproduire l'action afin de mieux cerner la relation de cause à effet. Si je le refais, est-ce que Maman aura la même réaction ? Ou alors l'enfant va, petit à petit, apprendre à refréner ses activités exploratrices et ses initiatives car elles finissent par provoquer des échanges négatifs. Ou encore l'enfant va commencer à croire qu'il est hostile et destructeur, et donc dangereux.

COMMENT MAXIMISER L'INTÉRÊT

En tant que parent, vous ne voulez pas seulement répondre judicieusement à des situations particulières, comme celle où l'enfant tire sur le ruban, vous voulez également transmettre le message selon lequel plus l'enfant exprime de l'intérêt, mieux c'est. C'est la base de l'apprentissage et d'un esprit vif.

1. Apprendre à votre enfant comment les choses fonctionnent

Vous avez la possibilité de transformer chaque expression d'intérêt en une grande leçon. Prenez le temps d'aider votre enfant à découvrir ce qui est dur ou doux, ce qui est bon ou mauvais, ce qui est bruyant ou calme. Explorez le monde ensemble. N'oubliez pas que pour l'enfant tout est un mystère. Le concept de cause à effet doit être appris. Tirer la nappe et les assiettes tombent par terre : une idée évidente pour un adulte – une idée toute nouvelle pour un enfant. Une chose qu'un bébé ne peut pas apprendre immédiatement. Cette leçon sera enseignée encore et encore par l'expérience. Par chance, vous pouvez (souvent) contrôler si cette leçon a été assimilée grâce aux catastrophes malencontreuses ou aux exemples et aux explications.

2. Encourager les intérêts naissants de votre enfant

Pour un enfant, les nombreuses expériences intrigantes de la journée fournissent le fondement des intérêts futurs. Le mieux pour vous est d'essayer de mettre en valeur ce qui semble intriguer le plus votre enfant. En faisant ainsi, vous renforcez ces inclinations naissantes. Par exemple, de nombreux enfants en bas âge adorent les camions et les chantiers de construction, les moteurs et les machines. Ces machines font de grosses choses. Elles produisent beaucoup d'effet. Elles font du bruit. Elles ont des formes et des couleurs intéressantes. Elles sont magiques. D'autres bébés adorent la musique ; ils réagissent au rythme et adorent quand on leur chante des chansons. Notez les centres d'intérêt de votre enfant et utilisez-les comme outils d'apprentissage. Ils sont très efficaces lorsque vous essayez de détourner son attention ou de le distraire.

En prêtant attention à ce qui le captive, vous dites à votre enfant : « Je comprends. Je sais ce que tu aimes, je partage ton intérêt et je l'encourage. » Cela valide ses intérêts et ses sentiments qui, à leur tour, construisent l'amour-propre et la confiance de l'enfant.

Comme l'a fait remarquer Virginia Demos, les enfants utilisent diverses techniques pour impliquer les parents : ils leur apportent des objets, tirent sur leurs jambes ou leurs bras, sautent sur leurs genoux, posent des questions ou leur sourient. Même une réponse sommaire est quelquefois suffisante pour soutenir l'intérêt ou le jeu de l'enfant. Mais ignorer l'enfant à ce moment-là ou réagir avec irritation ou interdiction tend à réduire la capacité de l'enfant à soutenir lui-même l'intérêt et le plaisir.

Il y a plusieurs raisons à ce type de comportement parental – allant de la défaillance temporaire due à la fatigue ou à des préoccupations extérieures, à des facteurs plus caractérologiques. Dans ce dernier cas, les parents peuvent penser que le jeu de l'enfant est stupide ; ou se sentir gênés de jouer comme un enfant ; ou supposer que tant qu'un enfant ne pleure ni ne s'agite, l'adulte n'a pas besoin d'intervenir. Mais pour l'enfant, toutes ces réponses veulent dire la même chose – son plaisir et ses intentions de jeu ont été perçus et compris mais n'ont pas été acceptés ni soutenus. Ce manque de réponse positive à des expressions d'intérêt, d'excitation et de plaisir peut indiquer à l'enfant les choses suivantes : je ne suis pas intéressant ni agréable, ça ne vaut pas la peine d'être intéressé et joyeux ; ça ne vaut pas la peine d'être intéressé et joyeux concernant cette chose particulière ; je ne devrais pas déranger Maman ou Papa en essayant de les impliquer dans mes intérêts et mes moments de plaisir. Toutes ces conclusions peuvent inhiber les signaux positifs de l'enfant et créer un obstacle temporaire à une future communication avec les parents. Selon la théorie des affects de Tomkins, ce genre de situation provoquera un sentiment de honte chez l'enfant. De plus, dépendant de sa réponse à la honte, d'autres affects négatifs, tels que l'angoisse ou la colère, peuvent s'y ajouter.

3. Permettre à l'enfant d'exprimer pleinement le signal d'intérêt

Considérez chaque signal d'intérêt comme une opportunité de construire l'assurance et la puissance du cerveau. Si votre paire de ciseaux tente votre enfant de 13 mois, vous pouvez doucement les éloigner et les remplacer par des ciseaux pour enfants. Puis montrez-lui comment les utiliser. Prenez le temps de lui montrer comment ils fonctionnent et comment ils peuvent couper. Faites comprendre à l'enfant que vous appréciez son intérêt pour eux mais que vous devez le protéger du danger qu'ils représentent.

« Tu vois, tu places une feuille de papier entre les deux lames et tu peux obtenir quatre morceaux de papier. C'est super, non ? Mais ces ciseaux-là sont trop pointus et tu pourrais te blesser ; je ne peux pas te laisser les prendre. Prends ces ciseaux qui sont moins dangereux. » Cette approche raisonnée aide l'enfant à apprendre ce que sont des ciseaux sans supprimer le signal d'intérêt ni lui faire peur.

Virginia Demos a expliqué ce qui se passe si vous retirez simplement les ciseaux ou criez « non » – même si votre unique objectif est d'empêcher l'enfant de se faire mal. Cette réponse ne soutient pas le désir du bébé d'explorer des objets intéressants. La possibilité de découvrir ce que sont des ciseaux est perdue, et aucun autre substitut intéressant n'est donné. Le message que reçoit l'enfant est simplement : « Arrête ! ». Mais, demande Demos : « Arrête quoi ? » Arrête de t'intéresser aux choses ? Arrête d'explorer de nouveaux objets ? Arrête d'explorer les ciseaux ? Si ce genre d'interdiction se produit très souvent, l'enfant va apprendre à inhiber ses comportements d'exploration, d'apprentissage et de recherche de stimulus tout seul et se restreindra et s'immobilisera de plus en plus.

POURQUOI « NON » DEVIENT SYNONYME DE « MAL »

Si vous réprimandez votre enfant en lui disant brusquement « Non ! » ou « Arrête ça ! » chaque fois qu'il exprime de l'intérêt, il ressentira de la honte et de l'humiliation. C'est la réaction naturelle puisque vous lui dites qu'il a « tort » de s'intéresser à tel ou tel objet. En interrompant brusquement son expression d'intérêt, votre enfant prend terriblement conscience qu'il ne peut partager avec vous ses sentiments sans être grondé.

De même, un « Non ! » soudain ou un tout simple « Ne touche pas ça ! » peut être déroutant pour un bébé. Le monde est parfois terrifiant pour un enfant et il a besoin d'être rassuré pour pouvoir oser aller là où il n'est pas encore allé. Si vous mettez brusquement fin à son expression d'intérêt, il ne sait que faire ensuite. « D'accord, je m'arrête, mais qu'est-ce que je fais ? Qu'est-ce que je suis supposé faire après ? » se demande-t-il. Le signal d'intérêt devient alors un signal de détresse ; l'enfant va commencer à hurler dès que vous prendrez les ciseaux. Vous pensez alors que sa détresse immédiate signifie qu'il est contrarié parce qu'il ne peut pas avoir ce qu'il veut. Vous direz même : « Quel enfant gâté ! » Mais ce n'est pas ça. L'enfant se met à pleurer parce qu'il se sent totalement incompris. Non seulement son intérêt a été interrompu, ce qui n'est pas drôle du tout, mais en plus il a été rejeté comme quelque chose de mal. Ce qui porte préjudice à la formation de l'amour-propre et de la confiance. En bref, un « non » dit trop souvent et trop rapidement se transforme dans le cerveau du bébé en « mal ».

POURQUOI MAXIMISER L'INTÉRÊT

Manifestement, les signaux d'intérêt indiquent qu'un enfant veut apprendre des choses sur le monde extérieur. Mais ils aident également l'enfant à apprendre des choses sur lui-même. Lorsque l'intérêt est stimulé, il montre à l'enfant ce qui lui apporte du plaisir, ce qui attire son attention, ce qui l'excite.

Encourager l'intérêt aide votre enfant à explorer en toute confiance. Cela lui permet de satisfaire ses besoins biologiques de stimulation et lui indique qu'il peut élargir son monde sans se sentir coupable.

Lorsque vous récompensez la curiosité, vous renforcez le sens du contrôle, de la compétence et de la confiance d'un enfant. Il commence à sentir qu'il peut se débrouiller « là-bas » dans ce nouveau monde.

Apprendre qu'il existe des limites est également essentiel. Comprendre ce qui est autorisé et ce qui ne l'est pas permet à l'enfant de développer une compréhension de ces limites. Il sera rassuré de découvrir qu'il existe des règles et qu'il peut compter sur vous pour les lui enseigner. Cela permettra à votre enfant d'apprendre comment autocontrôler ses impulsions et ses désirs pour qu'il puisse suivre les règles, les appliquer et obtenir votre approbation.

L'intérêt en temps voulu

Tous les enfants s'intéressent à ce qu'ils voient, à ce qu'ils entendent et à ce qu'ils touchent. Au début, ils utilisent leur bouche et le sens du goût pour évaluer chaque objet qu'ils rencontrent. Puis, lorsque leur vision et leur ouïe s'affinent et qu'ils sont en mesure de se déplacer plus facilement, le nombre de choses qui suscitent leur intérêt augmente. Votre rôle est d'aider votre enfant à trouver le moyen d'exprimer ses intérêts et de le mettre en relation avec d'autres interactions qui stimuleront d'autres intérêts. Cela peut être quelquefois une situation hasardeuse, soit, mais c'est bien. Par exemple, certains enfants apprécient la lecture dès 6 mois, d'autres ne s'y intéresseront qu'à 9 mois ou plus. Votre enfant vous fera savoir immédiatement si la lecture est une activité qui suscite chez lui de l'intérêt. Si vous faites fausse route, il va se tortiller, s'agiter et dévier son attention vers un autre objet. C'est le signal pour que vous mettiez le livre de côté pour l'instant.

Les autres activités qui suscitent de l'intérêt chez les bébés sont : jouer avec des peluches, aller se promener, écouter une chanson ou secouer un hochet. Aucune activité n'est trop triviale ni trop futile lorsqu'il s'agit d'intérêt. Si elle attire l'attention de votre enfant, quel que soit son âge, allez-y.

Lorsque votre enfant grandit et que ses intérêts se multiplient, votre faculté de vous mettre à l'écoute de ce qui stimule sa curiosité peut avoir des hauts et des bas. Ne vous inquiétez pas, cela arrive lorsque les enfants passent d'un stade de développement à un autre et lorsque leurs intérêts croissants dépassent leur aptitude à les communiquer. Temporairement, l'interprétation erronée d'un signal peut conduire à une frustration et à une détresse plus grandes – pour votre enfant, et pour vous. Par exemple, Loïs m'a raconté qu'elle avait énormément de mal à empêcher sa fille Eva, habituellement très heureuse, de pleurer. Ça n'avait jamais été un problème auparavant mais maintenant, à 18 mois, Loïs sentait que quelque chose n'allait pas. Après avoir observé la mère et l'enfant pendant deux ou trois semaines, j'ai remarqué que le bébé était frustré de ne pas pouvoir parler. Eva comprenait ce qu'on lui disait et se battait pour répondre en utilisant des sons et presque des mots. Mais elle ne savait pas encore dire « je veux... » ou « j'ai besoin... » et la frustration commençait à l'envahir. Lorsqu'elle s'intéressait à quelque chose ou avait une opinion à donner, elle n'arrivait pas à s'exprimer suffisamment vite. Elle commençait alors à s'impatienter et à s'agiter. Pour aider Eva dans cette période de transition, Loïs fit l'effort supplémentaire de mettre des mots sur les signaux de l'enfant et de raconter ce qui se passait.

Quelquefois, les parents comprennent l'intérêt de leur enfant mais ne comprennent pas son stade actuel de développement et son besoin de voir son enthousiasme et sa réussite validés – crevant ainsi le ballon des bons sentiments. Demos a décrit ce genre de situation entre une mère et sa fille de 15 mois. L'enfant jouait dehors dans son bac à sable et sa mère était assise à côté d'elle sur une chaise. Un petit voisin venait de jeter un ballon dans le bac à sable de la petite fille. Elle a ramassé le ballon et l'a renvoyé en le « jetant ». Comme cela arrive souvent à cet âge, le ballon est retombé à environ cinq centimètres devant elle. Néanmoins, elle était ravie de ses efforts ; elle a fait un grand sourire au petit garçon et a tapé dans ses mains. La mère lui a dit : « Tu ne peux pas encore taper dans tes mains ; le ballon n'est pas sorti du bac à sable. Essaie encore ! » La petite fille l'a regardée, un peu déconcertée, mais a essayé encore, avec le même résultat, la même excitation et la même joie. La mère a insisté de nouveau en disant qu'elle n'avait pas atteint « son » but. Au bout du troisième ou quatrième essai, l'enfant a pris un air sérieux ; elle ne tapait plus dans ses mains. En effet, elle perdit bientôt tout intérêt dans le lancer du ballon et se tourna vers d'autres objets dans le bac à sable. Du point de vue de l'enfant, ce jeu qui consistait à attraper puis à renvoyer le ballon au petit garçon en le « jetant » ne signifiait probablement pour elle que bouger son bras et laisser tomber le ballon, qui était tout ce qu'elle pouvait faire pour imiter l'action du petit garçon. Sa réponse joyeuse et excitée indiquait clairement que, pour elle, elle avait réussi. Le refus de sa mère d'accepter son but – de considérer ses efforts comme une réussite – et de partager sa joie la rendait perplexe et incomprise. Ne comprenant pas comment elle avait échoué ni comment réussir et faire plaisir à sa mère, elle abandonna la partie.

COMMENT ÊTRE À L'ÉCOUTE DES INTÉRÊTS DE VOTRE ENFANT

Un bon moyen de comprendre ce qui intéresse votre enfant est d'utiliser le « temps de pause » (voir chapitre 10). Cela vous permet d'entrer dans son monde d'une manière que peu d'autres activités permettent. Si votre enfant rampe dans la cuisine et commence à jouer avec les casseroles, rampez avec lui et voyez comme c'est fascinant d'être au niveau de ses yeux. Vous vous rendrez compte du rôle important que jouent les plus petites rencontres avec les objets dans l'imagination d'un enfant. Vous aurez également une idée du rythme auquel se déplace votre enfant dans ce monde. Permettre aux enfants de conserver leur propre sens du temps est important si vous l'encouragez à explorer et l'aidez à construire son assurance.

Les moments de quantité, et pas seulement de qualité, sont également importants. Lorsque le temps que vous passez avec votre enfant est trop orienté vers les événements, trop structuré ou programmé, vous ne lui permettez pas de vivre simplement sa journée à son rythme, d'interagir avec l'environnement de façon spontanée. Passez du temps avec votre enfant pendant que vous repassez, lisez, faites vos courses ou simplement vous relaxez. Dans ces situations tout à fait ordinaires, l'enfant va exprimer un intérêt extraordinaire, et vous aurez la possibilité de l'observer et d'interagir avec lui de façon tout à fait naturelle.

Que faire lorsque vous devez interrompre l'intérêt

Pour maximiser au mieux les intérêts de votre enfant, il faut apprendre à gérer les situations où vous êtes obligé d'interrompre l'expression de l'intérêt – ce qui fréquemment engendre détresse et colère. Par exemple, vous êtes dans une épicerie et vous attendez que l'on vous serve. Votre enfant est fasciné par tout ce qui se passe – la machine à trancher, les autres personnes, les étranges objets sur le présentoir. Mais une fois que vous êtes servie, il vous faut terminer vos courses. Au moment où vous tournez la poussette pour vous diriger vers une autre allée, il se met alors à crier si fort que l'on pourrait l'entendre à l'autre bout de la ville. Il veut rester là et continuer à regarder tout ce qui se passe. Vous devez pourtant bouger. La réponse dans une telle situation est de reconnaître sa détresse et de la valider : « Eh bien, mon chéri, tu aimais bien regarder tout ça, hein ? » Vous pouvez même le ramener vers le présentoir et dire : « Regarde, c'est le boucher. Et voilà cette délicieuse dinde que tu aimes tant. Je sais que c'est contrariant de devoir partir mais viens voir ce qu'il y a là-bas. »

Vous pouvez ensuite aider votre enfant à surmonter son angoisse en trouvant un autre centre d'intérêt. Essayez de le distraire en lui chantant une chanson, en lui proposant un jouet ou son objet transitionnel préféré (sa couverture ou son nounours). Vous pouvez lui dire que vous allez voir ce qu'il y a à explorer dans l'autre allée ou vous lancer dans des gestes d'au revoir recherchés en quittant le boucher.

En validant l'intérêt de votre enfant, en lui permettant d'exprimer sa détresse et en partant vers d'autres activités, vous aidez votre enfant à développer le contrôle de la tension et l'aptitude à différer la satisfaction. Vous lui faites de plus gentiment remarquer que parfois il n'est pas le centre du monde. Parfois, d'autres personnes ou d'autres événements prévalent. Votre enfant se sentira mieux vis-à-vis de ce fait renversant si vous gérez ces interruptions nécessaires de façon à ce qu'il reste calme, comme par exemple en le distrayant.

ÉDUCATION PRÉCOCE

Dans ce contexte de schémas et de comportements exploratoires, on peut se demander : est-ce que les programmes éducatifs précoces sont importants et comment peuvent-ils être efficaces ? La réponse est oui : ces programmes sont très importants et potentiellement très efficaces. Toutefois, un problème plus important se pose, même très tôt, dans la vie de l'enfant : les parents comprennent-ils le signal d'intérêt de l'enfant ? Comprendre l'affect d'intérêt signifie comprendre que la curiosité du bébé, sa tendance à explorer et examiner, jouer et « entrer dans les choses » sont toutes des occasions d'apprendre. Bien sûr, il est nécessaire de fixer des limites et vous pouvez être créatif en protégeant l'enfant des objets dangereux sans rejeter sa curiosité ni son enthousiasme. Mais n'essayez pas de restreindre ces explorations ou de les considérer comme des « mauvais comportements ». Votre enfant doit avoir autant de liberté de penser, de s'exprimer et d'explorer que possible. Lorsque les mots apparaissent (voir chapitre 19, « Au-delà des signaux »), vous pouvez encourager l'expression verbale des sentiments. Si votre enfant commence à utiliser ce que vous appelez des « vilains » mots, faites-en une expérience d'apprentissage. Prenez un dictionnaire et parlez avec l'enfant de la signification de ce mot. Ensemble, décidez si oui ou non ce mot peut offenser quelqu'un, s'il peut être utilisé en public, etc. L'astuce est d'encourager, et non de restreindre, ce genre d'opportunité d'apprentissage le plus tôt possible. Cette approche promeut une vraie « éducation précoce » !

LE CRESCENDO

L'intérêt, comme les autres signaux, n'est pas un état rigide. Il peut partir de la curiosité moyenne pour atteindre l'enthousiasme et l'excitation. Lorsque Mamie apporte à Bébé une nouvelle voiture, il la regarde d'une manière désinvolte, la pose par terre puis la reprend, incertain de ce qu'il pense. Puis après un petit moment, il décide qu'elle est vraiment magnifique et commence à la faire voler au-dessus de sa tête. Son intérêt s'est transformé en excitation. Elle est vraiment formidable, pense-t-il. Si par accident il heurte un bouton qui déclenche une sirène, il est tout d'abord surpris puis encore plus excité.

L'intérêt peut tout aussi bien diminuer qu'augmenter. Quelquefois, l'enfant exprime initialement de l'intérêt pour quelque chose puis cet intérêt s'évanouit. Si la voiture, examinée de plus près, ne correspond pas à l'idée qu'il s'en était fait, vous ne pourrez pas faire grand-chose pour le faire changer d'avis, même si vous insistez vraiment. Si vous essayez sans cesse de provoquer en lui un intérêt pour cette voiture, c'est de la colère qu'il exprimera. Ses larmes ou son agitation dans vos bras sont sa manière à lui de vous dire : « Est-ce que tu m'écoutes ? Je ne veux pas jouer avec ce truc. » Dans une telle situation, il vaut mieux mettre le jouet de côté, le remplacer par un autre jouet plus intéressant ou regarder autour de vous pour voir ce qui pourrait attirer son attention. Peut-être que Mamie est elle-même plus intrigante. Laissez-les communiquer et ne vous inquiétez pas pour le jouet.

Pour les enfants, l'ennui est pratiquement insupportable ; ils ont soif d'interaction et sont contrariés quand ils ne l'ont pas. C'est pour cette raison qu'ils peuvent être si agités et si perturbateurs dans les restaurants ou au centre commercial. Ils ont besoin de beaucoup de jouets ou d'autres distractions dans ce genre de situation pour satisfaire leur curiosité naturelle et leur recherche de stimulus.

En résumé : si vous êtes capable d'aider votre enfant à comprendre et à graviter vers ce qui l'intéresse, vous et votre bébé en retirerez de grands avantages, maintenant et dans le futur. Les enfants qui savent ce qui les intéresse et qui obtiennent le soutien de leurs parents auront plus de facilité plus tard à trouver un travail qu'ils aiment. Et vous en serez vraiment très heureux.

QUAND STIMULER LE BÉBÉ

Il existe deux états de vigilance du bébé : l'éveil calme et l'éveil agité ou avec pleurs. Pendant l'état d'éveil calme, le nourrisson est le plus apte et le plus attentif pour les stimulations de l'environnement et c'est également le moment où le nourrisson est le moins dérangé par des sensations internes et des pulsions. C'est dans cette phase que les parents peuvent proposer à leur bébé un nouvel objet qui est adapté à son âge, par exemple un jouet. Le bébé va le regarder intensément et le manipuler pendant un certain temps, puis peu à peu diminuer son intérêt. Si les parents sentent que le bébé n'est pas fatigué, ils peuvent lui donner un autre objet à découvrir. C'est dans ces moments-là que votre bébé va progresser, car il est ouvert à la nouveauté.

L'état d'éveil agité se distingue par une limitation de l'attention due à une activité motrice. L'état des cris et des pleurs apparaît en général entre l'état de sommeil et d'éveil. Un bébé qui est agité ou qui pleure ne peut pas s'intéresser à un nouvel objet. Toute son attention est focalisée sur la cause de sa gêne. Il s'agit donc de l'aider à s'apaiser et peut-être une fois calmé, vous remarquerez qu'il est prêt à faire de nouvelles expériences. Ensemble avec vous ou tout seul, comme un grand...

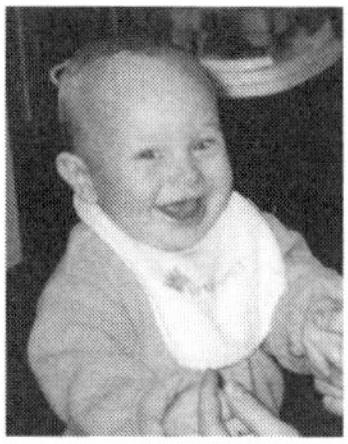

12

La joie

La joie est signalée de diverses manières. Le bébé sourit. Ses lèvres s'élargissent et s'étirent vers le haut et sur les côtés. Il rit, ses joues se plissent un peu et ses yeux brillent. Souvent, il produit différentes sortes de sons aigus et de bruits jubilatoires. La joie va crescendo jusqu'au plaisir pur.

Ma mère m'appelait toujours le petit diable. Peut-être parce que j'étais si exubérante. J'ai fini par réaliser qu'elle pensait que la joie était quelque part immorale. Elle ne l'a jamais dit, mais en mon for intérieur, je sais que c'est ce qu'elle ressentait. C'est comme cela qu'elle avait été élevée. En conséquence, il m'a fallu des années pour me sentir à l'aise dans ce monde, pour m'amuser, pour faire la folle. Maintenant que j'ai des enfants, je m'en rends bien compte. Je leur dis tout le temps qu'ils sont très gentils et j'essaie de jouer le plus possible avec eux. Je voulais une maison pleine de rires et je l'ai. Mes deux enfants – un de 8 mois et un de presque 20 mois – me font très souvent rire. La plus petite fait cette espèce de truc fou lorsqu'elle est ravie : elle ouvre les yeux et la bouche aussi grands que possible, tire la langue et se met à rire de

toutes ses forces. Elle adore quand je le fais aussi. J'ai beaucoup de regrets pour ma maman qui a manqué tant de choses et qui a eu tant de mal à apprécier les plaisirs de la vie.

Jade K., 34 ans, graphiste

La joie est une affaire sérieuse. Ressentir et exprimer la joie est un facteur essentiel pour une vie saine et heureuse. C'est pourquoi il est primordial d'être sensible à ce que votre enfant apprécie et de rechercher toute occasion de l'aider à s'emparer des sentiments de plaisir et de joie, qui peuvent encore exister même le moment de joie passé.

Un enfant oscille souvent entre les signaux d'intérêt et de joie, ce qui lui procure une sensation de jeu et de plaisir. Par exemple, lorsque votre bébé remarque son mobile préféré aux couleurs vives se balancer au-dessus de son lit et entend la mélodie familière qui accompagne le mouvement, il s'émerveille avec intérêt et joie. En réponse, vous donnez au mobile une douce tapette pour que le mouvement soit encore plus intrigant et vous chantez en faisant de drôles de petits bruits en accompagnement. Le bébé est de nouveau stimulé par votre interaction avec le mobile et votre chant. Non seulement il revit ces sensations agréables, mais il se sent bien car vous avez remarqué son expérience et lui avez répondu positivement. Puis, lorsque vous arrêtez votre petite chanson et le mouvement du mobile, vous vous mettez tous les deux à rire. Avec le rire, le bébé éprouve une vraie, bien que brève, sensation de plaisir et de joie. Mais cette sensation de bonheur et de bien-être va rester. La joie est une sensation fugace mais ses bienfaits sont durables.

COMPRENDRE LE SIGNAL DE JOIE

Les recherches semblent indiquer que la joie est déclenchée par une chute de la stimulation et une diminution du bombardement neuronal dans le cerveau. Voici une petite explication : une stimulation intense se produit. Puis, aussitôt après, l'intensité diminue. C'est la même chose quand un comédien raconte une histoire : la tension monte lorsque le comique met en place son scénario – vous êtes provoqué ou intrigué et vous écoutez attentivement – puis, patatras, la chute arrive et vous riez de plaisir.

Il y a différentes intensités dans la joie : elle peut aller du simple petit sourire à l'éclat de rire bruyant, d'un simple plaisir à la joie débordante. La joie étant déclenchée par une diminution de la stimulation, elle suit souvent l'intérêt, la surprise et même la peur – des signaux qui sont fonction d'une augmentation de stimulation. Rappelez-vous le soulagement (de joie) que vous ressentez lorsque quelque chose d'effrayant ou de douloureux s'arrête. Ou l'intérêt soutenu que vous éprouvez une fois que la sensation de joie initiale s'est évanouie. Vous remarquerez donc dans tout ce chapitre que les exemples et les débats sur la joie révèlent une interaction subtile avec d'autres signaux, et en particulier l'intérêt.

CULTIVER LA JOIE

Malgré la nature éphémère de la joie, il est important de reconnaître le signal lorsqu'il se produit et d'aider votre enfant à trouver les opportunités d'éprouver ce sentiment. Peu de choses permettent à un jeune enfant de se sentir aussi bien dans ce monde et dans ses relations avec ses parents qu'en partageant des moments de joie.

Quel que soit l'âge de votre bébé, vous pouvez l'aider à

exprimer la joie en identifiant ce qui la déclenche, en partageant ses sentiments. Offrez à votre enfant la chance de renouveler cette expérience. Vous pouvez également mettre des mots et des sons sur cette expérience pour aider votre enfant à apprendre comment l'exprimer. Par exemple, Véronique donna à sa fille une boîte à musique qui jouait la « danse de la fée Dragée », extrait de Casse-Noisette. Lorsque l'on soulevait le couvercle de la boîte à musique, une ballerine avec un jupon rose transparent tournait sans cesse sur elle-même. Inès, la petite fille, était fascinée. Véronique fit donc participer la boîte à musique à chaque séance d'habillage. Elle disait : « Inès, tu veux que la ballerine vienne te voir ? » Véronique ouvrait la boîte pour qu'Inès voie la ballerine et entende la musique. Puis elle prenait la main d'Inès, elles battaient ensemble la mesure, chantaient en même temps que la musique en mettant des paroles amusantes. Inès criait de joie, tapait dans ses mains et regardait attentivement tourner la petite figurine. Inès était en train d'apprendre que sa mère comprenait et approuvait ce qu'elle aimait ; elle réalisait que lorsqu'elle ressentait de la joie, elle pouvait l'exprimer par des mots, une chanson, un mouvement. De plus, à cette période où les bébés s'agitent facilement – habiller un enfant peut être difficile quelquefois –, Inès et Véronique s'amusaient.

Alors que votre bébé grandit, vous avez envie de faire un effort supplémentaire en mettant des mots sur des moments de joie. Ne vous contentez pas de raconter ce qui se passe, parlez aussi de ce que ressent votre enfant. Lorsque Bébé rit ou s'émerveille, essayez de parler doucement de ce que vous observez chez votre enfant : « Tu aimes ça, n'est-ce pas, chéri ? », « Est-ce que ce bruit te fait rire ? », « C'est amusant de voir tout le bruit que tu peux faire ! » « Tu es fier de ta découverte ? », « Tu es vraiment fort ! Regarde comme tu lèves ça au-dessus de ta tête ! ».

Alors, lorsque votre fils se réjouit à l'idée de voir un chien affectueux, aidez-le à exprimer sa joie en disant quelque chose comme : « Voir un chien est excitant, n'est-ce pas ? Tu aimes toucher la douceur de son pelage, hein ? Tu crois qu'il va te lécher le visage ? » Si à la place de ce comportement vous choisissez de le réprimander, « Ne laisse pas ce chien disperser tous ses sales germes sur toi ! » ou « Ne le touche pas, il peut mordre ! », alors votre enfant ravi va être troublé. Sa joie et son intérêt ont provoqué votre critique et votre inquiétude. Si de tels incidents se répètent jour après jour dans différentes situations, il pensera qu'il n'a pas le droit de ressentir de la joie ou qu'il est assez stupide de croire qu'il sait ce qui lui est agréable.

Si vous pensez que votre enfant exprime de la joie pour quelque chose qui est potentiellement dangereux, vous pouvez encourager cette joie tout en intervenant. Par exemple, votre bébé de 6 mois a trouvé une boîte de petits boutons et la secoue avec grand plaisir. La boîte menace de s'ouvrir. Si vous lui enlevez subitement la boîte des mains, il comprendra que le plaisir que procure le cliquetis de la boîte n'est pas acceptable. Mais si vous dites d'une voix douce et positive : « Quel joli bruit ! » et que vous remplacez cette boîte par une autre moins dangereuse mais faisant le même bruit (une boîte en plastique bien fermée contenant des pions de jeu de dames), vous dites à votre enfant que vous comprenez qu'il est en train de bien s'amuser.

Si vous sentez que vous êtes en train de rejeter les moments de joie de votre enfant, prenez le temps de réfléchir à votre propre motivation. Pourquoi est-ce que vous étouffez la joie de votre enfant ? Avez-vous peur du chien ? Pourquoi ? Comment pouvez-vous maîtriser vos peurs de façon à rester prudent sans être alarmant ? Comment pouvez-vous gérer vos inquiétudes, protéger votre enfant tout en lui envoyant le message positif que vous soutenez son sentiment de joie ? Lorsque l'on fait face à la joie, ainsi qu'aux autres signaux, il est souvent sage de prendre le temps d'une petite réflexion. Vos propres angoisses et vos propres difficultés à exprimer la joie empiètent peut-être sur votre relation avec votre enfant. Faites-vous la promesse d'augmenter vos expériences de joie ; en fait, laissez votre enfant vous guider. Recherchez et partagez ses moments de joie.

Des plaisirs simples : des moyens faciles de stimuler la joie

Les jeunes enfants adorent bouger – n'oubliez pas, sans votre intervention, ils restent coincés là où ils se trouvent. Prenez-les, faites-les tourner, faites-les monter en l'air au-dessus de votre tête, emmenez-les promener dans la poussette ou faites le tour de la maison avec eux dans vos bras. Observez leur plaisir et aidez-les à exprimer leur joie avec enthousiasme.

Stimulez leur sens du toucher, de l'ouïe et de la vue – doucement, sans surcharger leurs circuits. Par exemple, certains bébés éprouvent un très grand plaisir à sentir sur leur joue la douceur d'une peluche ou de leur couverture préférée. D'autres adorent caresser le dos du chat. Ils peuvent également apprécier certaines chansons, que vous avez enregistrées ou que vous leur chantez. Les enfants adorent également jouer à faire coucou ou à tout autre jeu visuel légèrement surprenant.

Laissez votre enfant vous montrer ce qu'il aime. Dès tout petits, les bébés savent très bien ce qui leur apporte de la joie et ce qui les angoisse. Tout en lui présentant, bien sûr, toutes sortes de nouvelles activités et en lui procurant sans cesse de nouvelles informations sur le monde qui l'entoure, vous souhaitez vous assurer que vous laissez à votre enfant suffisamment d'espace pour qu'il exprime ses désirs, son enthousiasme, son opinion sur ce qui est amusant et sur ce qui est agréable. Gardez toujours un œil ouvert sur les signaux que votre enfant exprime.

La joie fait également partie du jeu

Le jeu (voir chapitre 6) est le résultat du mélange de l'intérêt, de la joie et de la surprise. Si votre enfant est amusé par un ballon qui rebondit et que vous dites : « Boing, boing, boing », vous êtes en train de jouer. Vous enseignez à votre enfant qu'il faut apprécier les moments de plaisir. Vous le stimulez à se diriger vers l'intérêt de cet événement agréable. Vous pouvez ensuite lui montrer différentes façons de jouer avec un ballon. Vous avez l'opportunité de reconnaître la joie et l'intérêt de votre enfant et de l'éprouver. Un autre exemple : votre bébé de 10 mois est en train de s'amuser comme un fou sur une balançoire. En le poussant doucement, vous pouvez dire quelque chose comme « hop-là ! » ou « hououou ! » C'est important pour vous de relier votre expression au plaisir du bébé au moment du mouvement. L'enfant sait ainsi que vous partagez son amusement et ses sentiments positifs s'en trouvent renforcés. Cela conforte également l'intérêt de l'enfant pour la balançoire. Valider la joie et l'intérêt en un seul acte aide l'enfant à apprendre ce qu'il aime. Et l'apprentissage de ce qu'il aime est absolument essentiel pour qu'il grandisse dans un sentiment de confiance et de sécurité.

LA JOIE EN TEMPS VOULU

Les besoins des nouveau-nés sont simples et leur aptitude à exprimer des signaux, qui existe depuis le premier jour, est en cours de développement.

À ce stade, la joie se produit lorsque l'on prête une attention immédiate à leurs besoins de base : changer la couche, les nourrir lorsqu'ils ont faim, dormir, une caresse, des mots et des sons apaisants, un environnement relativement calme.

Lorsque l'enfant grandit un peu, la joie est associée à une stimulation encore plus complexe. Sa vue est maintenant plus nette et il est très à l'écoute des sons et des expressions du visage.

La joie vient des éléments de base comme la nourriture, la chaleur et l'amour ; mais maintenant que Bébé grandit, elle vient également de l'aptitude à comprendre les blagues visuelles et auditives telles que jouer à faire « coucou » ou à faire des bruits amusants. Des sensations physiques viennent également s'ajouter à la joie. En grandissant, les bébés adorent faire l'avion au-dessus de votre tête, se balancer sur une balançoire, « faire le cheval » sur vos genoux.

À l'approche de leur première année, les enfants ont très envie de parler mais ils n'y arrivent pas encore. Toutefois, leur envie irrésistible de parler se lit dans leurs signaux. Le flot régulier des mots que vous leur communiquez est très important pour eux. Écoutez lorsqu'ils s'expriment – cela devient très élaboré, un langage confus bien à eux. Répondez parfaitement. Parlez de ce qui est drôle, intéressant ou stupide. Explorez les émotions et les idées. Votre enfant comprend beaucoup plus de choses que vous ne l'imaginez.

Les avantages de cultiver la joie

La joie est fugace mais elle constitue un élément de base pour de nombreux traits de caractère essentiels à l'élaboration d'une vie heureuse et réussie. Lorsque vous provoquez et encouragez le signal de joie, vous permettez l'expression raisonnable des sentiments et vous validez sa perception du monde. Cela indique à votre enfant que les personnes autour de lui comprennent ses émotions et ses besoins ; ce qui, à son tour, aide l'enfant à développer l'idée que le monde est un endroit amical dans lequel ses besoins seront assouvis ; il devient ainsi plus vif et plus optimiste. En outre, au fur et à mesure que Bébé en apprend plus sur ce qui lui procure du plaisir, il développe un sens positif du moi. Votre approbation de son expression de joie lui indique que vous approuvez son sentiment. De plus, grâce à votre active participation, l'enfant apprend que ce qui est bon pour lui est aussi agréable pour vous, les parents. Vous validez son expérience et l'aidez à prendre conscience de ce qu'il pense et de ce qu'il ressent.

La joie aide à stimuler le développement intellectuel. L'apprentissage est stimulé lorsque rencontrer le monde et avoir différentes expériences est agréable, et non décourageant ou effrayant. Les enfants que l'on encourage à agir de façon positive vis-à-vis de ce qui se présente à eux, et qui peuvent apprécier le monde environnant, sont beaucoup plus susceptibles de suivre leurs intérêts et d'avoir confiance en l'accroissement de leurs aptitudes.

L'expression de la joie aide à développer une bonne interaction sociale.

L'interaction que vous avez dans la joie avec votre bébé construit petit à petit son aptitude à entretenir avec autrui des relations agréables. Les enfants qui savent comment s'amuser et avoir un regard positif sur le monde ont plus de facilité à se faire une place au sein du réseau de relations qu'ils tissent à la maison, à l'école maternelle et sur les aires de jeux. Les autres personnes répondront positivement au caractère enjoué et à l'enthousiasme de votre enfant.

Un solide sens du plaisir crée la détermination.

La joie, en même temps que l'intérêt, est un élément essentiel dans la mise en place de l'optimisme, de l'amour-propre et de la confiance. En maximisant les signaux positifs d'un enfant – et la joie est incontestablement positive –, vous aidez votre enfant à devenir une personne qui se sent en sécurité et qui a confiance. Et quand les difficultés commencent – votre fils est taquiné sur l'aire de jeux, votre fille se fâche avec sa meilleure amie –, il ou elle possède les réserves de confiance et de sécurité nécessaires pour sortir de cette épreuve.

Savoir ce qu'il apprécie aide votre enfant à faire un bon choix de carrière.

Lorsque votre enfant grandit, apprendre à identifier et exprimer ce qu'il apprécie est très important s'il veut devenir un adulte mature, capable de rechercher les intérêts qui procurent une stimulation, une satisfaction et le sens de la réussite. Ce n'est pas trop que de dire que les germes d'une carrière réussie poussent et fleurissent, en partie, grâce à votre manière de répondre aux tout premiers signaux de joie de votre enfant.

Une dernière fois : n'ayez pas peur de gâter votre enfant

Beaucoup de parents veulent former l'enfant selon la norme de la société occidentale et de notre culture moderne : l'enfant doit être compétitif, autonome et indépendant. Le plus fort réussira, reflétant ainsi l'esprit darwinien. Notre culture occidentale et surtout notre société sélectionnent le plus fort. Les parents essaient donc de donner à leur bébé le maximum de force intérieure pour résister à la pression sociale et psychologique qu'il rencontrera dans le milieu de l'école et du travail. La peur d'élever un enfant qui n'arrive pas à tenir bon, dirige souvent leur style d'éducation. La crainte de faire des erreurs, de « gâcher » l'avenir de leur enfant et d'en être responsable est souvent une idée dominante dans la relation avec le bébé. Au lieu de prendre en compte les besoins actuels de l'enfant, les parents se projettent dans l'avenir et questionnent incessamment leur manière de répondre aux signaux émis par leur bébé.

Souvent, les parents craignent de fragiliser leur enfant en lui donnant trop d'amour. Pourtant, l'amour parental communique avant tout un sentiment de sécurité chez le bébé. Il aura plus confiance en soi et dans ses capacités ce qui est important pour affronter la vie plus tard. Profitez donc des moments harmonieux avec votre enfant. Encouragez-le à reconnaître et à exprimer ses émotions. C'est ainsi qu'il sera plus heureux et vous certainement aussi.

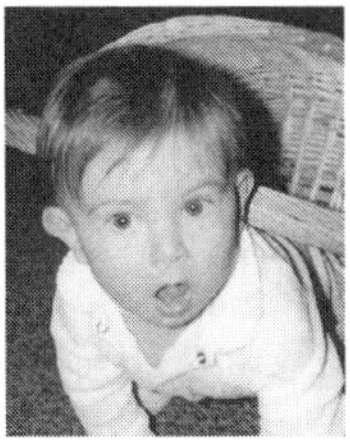

13

La surprise

Lorsqu'un bébé signale la surprise, ses sourcils se soulèvent, ses yeux sont grand ouverts et clignent et sa bouche est en forme de « o ». Il peut tourner la tête, et faire un effort pour tourner son corps si la surprise vient de côté ou de derrière.

Lucie sursaute très facilement. Elle est très sensible aux bruits comme les coups de klaxon ou les portes qui claquent. Je dirais même qu'elle en a peur. J'espère que ça lui passera quand elle comprendra un peu mieux les causes et les effets. Mais pour l'instant, j'ai simplement décidé de lui éviter ces désagréments du mieux que je peux. Lorsque je ne peux pas, j'essaie de transformer l'épisode en une sorte d'aventure éducative. Un jour, il y a quelqu'un qui a commencé à jouer de la cornemuse dans le centre commercial ; elle était vraiment bouleversée. Au moment où les premières notes sont sorties, elle a fait un bond, a complètement plissé son visage et semblait très effrayée. Je l'ai emmenée dans un magasin pour l'éloigner du bruit. Puis quand l'homme a fait une pause, nous sommes allées le voir ; je lui ai expliqué qu'elle avait vraiment eu très peur et je lui ai demandé si elle pouvait toucher la cornemuse. Puis il lui a montré comment il soufflait dedans pour produire un son. Elle est devenue un peu plus confiante et curieuse. Je n'irais pas jusqu'à dire qu'elle était convertie mais je pouvais au moins aller de magasin en magasin sans qu'elle se mette à hurler à chaque fois que la cornemuse se mettait à jouer.

Myriam, mère de trois enfants, dont Lucie, 14 mois

Le monde est un endroit surprenant, rempli de formes, de choses et de bruits inattendus. Pour les bébés, plus que pour les adultes, une surprise peut être déconcertante. Pensez au bond que vous faites lorsque vous entendez soudain un énorme bruit ; alors imaginez la réaction d'un bébé qui n'a encore vécu aucune expérience de ce genre. La fonction première de la surprise est de dévier notre centre d'intérêt vers quelque chose de menaçant ou qui attire soudain notre attention.

Les recherches effectuées dans ce domaine ont démontré que, lorsque nous sommes surpris, notre cerveau est saisi par une brusque montée de l'activité cérébrale. Cette évolution est plus que salutaire puisqu'elle nous prévient d'un danger potentiel venant de l'extérieur. Toutefois, une fois la surprise ressentie, un enfant (ou un adulte dans ce cas-là) a une chance égale d'éprouver de l'intérêt ou de la peur. Cela dépend en fait de trois facteurs. Le premier est la qualité de la surprise elle-même. Si la surprise est le résultat de la mise en marche d'un aspirateur, la réponse de l'enfant sera probablement moins intense que si toute une bibliothèque tombait dans un énorme fracas. Le deuxième facteur est la réponse de l'environnement – Maman et Papa restent-ils calmes face à la surprise ? Et le troisième est le tempérament et le degré de réactivité de l'enfant. Certains enfants, comme Lucie dans l'histoire citée précédemment, réagissent de façon plus sensible que d'autres.

Comment contrôler la surprise

Ici, votre but est de maximiser la réponse, comme avec l'intérêt et la joie. Vous voulez la contrôler, la réguler et la remodeler pour qu'elle soit d'un bénéfice maximal pour l'enfant. Mais vous devez être prêt à réagir rapidement ! La surprise est soudaine. Les deux clés pour transformer la surprise en un signal positif (intérêt ou joie) sont : la validation et l'action.

La validation signifie que votre réponse rassure le bébé : il y a eu effectivement un effet de surprise mais vous êtes là pour y remédier en faisant une action appropriée. C'est beaucoup plus constructif que d'utiliser la honte – telle que « Mais qui es-tu pour réagir ainsi ? Une poule mouillée ? » – pour gérer la surprise. Un sentiment de honte peut conduire à douter de soi-même, de différentes manières, et déclencher une réaction de colère.

L'action est utilisée de deux façons : quelquefois, vous devez agir pour protéger votre enfant de la stimulation qui a déclenché la surprise. Lorsque l'alarme d'une voiture se déclenche soudain alors que bébé passe sur le trottoir dans sa poussette, l'enfant exprime la surprise qui rapidement se transforme en sursaut. La peur n'est souvent qu'à deux pas. Si vous vous penchez vers lui pour lui couvrir doucement les oreilles en disant : « Oh là là, c'est vraiment très fort. On a été surpris ! On va un peu plus loin, d'accord ? » et en éloignant la poussette de la voiture, votre bébé pourra constater que vous le comprenez et se calmera. Des parents pourtant bien intentionnés peuvent tapoter leur bébé sur la tête en disant : « Oh, ce n'était pas si fort que ça. » Que se passe-t-il lorsqu'un parent réagit de cette façon ? Le bébé n'est pas certain que vous comprenez son signal de surprise et se sent non protégé et incompris.

Vous pouvez également utiliser l'action pour répondre judicieusement à la surprise de votre enfant en l'aidant à passer de la surprise à l'intérêt. Disons que vous êtes au centre commercial et qu'un clown surgit brusquement devant vous. C'est supposé faire rire et amuser l'enfant mais cela peut tout aussi bien déclencher un effet de surprise qui peut se transformer en peur. Les enfants ont souvent peur des clowns ; je pense que c'est à cause de la déformation des traits du visage.

Si vous remarquez que votre enfant est effrayé, reculez calmement et parlez tranquillement du clown : « Il est bizarre, n'est-ce pas ? C'est un clown ; c'est un monsieur dans un habit de clown. Tu veux qu'on le regarde ? » Vous pouvez prendre votre enfant dans vos bras pendant que vous regardez le clown et que vous parlez de lui. Ce contact avec votre enfant l'aidera à transformer sa surprise en expérience positive. Il apprendra que ce genre d'événement vaut la peine d'être vécu et que, bien que déroutant en premier lieu, il peut s'avérer très intéressant.

Les avantages de gérer judicieusement la surprise

Lorsque vous répondez rapidement et judicieusement à la surprise de votre enfant, vous lui apprenez la sincérité émotionnelle. En reconnaissant les émotions et la détresse potentielle de l'enfant, et en répondant de façon efficace, vous l'encouragez à continuer de partager avec vous ses sentiments, même les plus négatifs. Vous dites également à votre enfant qu'il mérite d'être protégé et que vous appréciez sa réaction – la voie de l'amour-propre est ouverte. Enfin, en aidant votre enfant à découvrir que quelque chose qui était au départ surprenant peut être intéressant, vous encouragez son ouverture d'esprit, signe avant-coureur d'un intérêt pour l'apprentissage.

Les signaux de détresse : le désarroi, la colère, la peur, la honte, le dégoût et la répulsion

Les signaux de détresse représentent le moyen de défense et de survie d'un bébé contre le mal. Les jeunes enfants n'ont pas d'autre moyen de se protéger. Ils utilisent ces signaux – désarroi, colère, peur, honte et aversion à des goûts et des odeurs désagréables – pour attirer l'attention de leurs parents sur leurs besoins et leur tristesse. Les parents réussissent en respectant les messages évidents que ces signaux transmettent et en répondant immédiatement à leurs vibrants appels au secours.

La clé est de permettre l'expression d'émotions négatives puis de traiter les facteurs déclencheurs pour que l'angoisse de l'enfant disparaisse. Ces signaux de détresse – le désarroi et la colère, par exemple – sont des messages, et non des attaques. Si les parents essaient de réprimer ces signaux, l'enfant aura des difficultés à les exprimer ou à savoir ce qu'il ressent vraiment. Si les parents ne sont pas attentifs aux signaux de détresse de l'enfant, il pensera que le monde est un endroit périlleux, qui s'intéresse peu à ses besoins et qui est peu réceptif à ses opinions ou à ses émotions. Il est impératif de bien gérer les signaux de détresse pour que l'enfant puisse développer correctement son sens de l'optimisme, de l'entrain, de l'espoir et pour empêcher l'apparition et l'amplification de la dépression, de la colère et du désespoir.

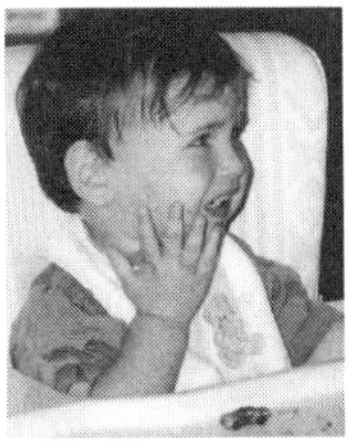

14

Le désarroi

Le signal de désarroi s'exprime par des pleurs, des sourcils arqués, une bouche aux commissures tombantes, des larmes, des sanglots réguliers, une agitation ou un repli sur soi. Le désarroi peut plonger les jeunes enfants dans un débordement d'activité. Ils font des grimaces à tout va et agitent leurs bras en faisant parfois le moulin à vent. Les enfants un peu plus grands pleurnichent ou grimpent partout, dévastant tout sur leur passage. Bien que la façon dont un enfant exprime le désarroi puisse changer en grandissant, la signification du signal reste la même, tout comme la façon d'y répondre. Le désarroi va crescendo jusqu'à l'angoisse.

Sophia, notre petite-fille, est généralement un bébé heureux, qui adore les promenades en poussette, et qui est ouverte et aimable avec toutes les personnes qu'elle rencontre. Et puis un jour, mon mari, un ami et moi-même sommes allés la chercher pour lui faire passer l'après-midi au parc. Dès le début, nous avons remarqué que ce petit bout de 9 mois faisait un effort pour être sociable ; elle a répondu à notre attention pendant un instant puis a commencé à s'agiter. Nous nous sommes inquiétés et nous avons essayé de trouver ce qu'elle pouvait bien avoir. Nous l'avons sortie de la poussette et nous l'avons portée, nous lui avons chanté des chansons, nous lui avons donné un biberon, des biscuits, nous avons roulé doucement, puis plus vite. Rien n'y faisait. Son nez était tout plissé et elle semblait triste. lle se tortillait dans tous les sens. L'effort collectif de trois adultes relativement sensibles et intelligents n'a pas réussi à résoudre le problème. Après environ deux heures, nous étions assis dans le parc sur un banc lorsque je me suis penchée pour lui descendre ses chaussettes. Mon Dieu, comme elles sont serrées, ai-je pensé. L'élastique avait laissé une marque rouge sur ses mollets. Lorsque je lui ai enlevé les chaussettes, elle a ri. Elle a vraiment ri. Et son désarroi s'est envolé. Alors ne me dites pas que c'est facile de deviner ce qui tracasse un tout-petit. Nous avons essayé tout ce qui nous a traversé l'esprit. C'est une sacrée chance que j'aie deviné. Déchiffrer ce qui rend un bébé malheureux n'est pas toujours chose facile.

Yvette, 52 ans, grand-mère

Le désarroi est un signal utile, qui communique un besoin immédiat. C'est un SOS. Chez les petits bébés, il est souvent déclenché par la faim, la fatigue, la maladie, l'inconfort ou la douleur. Le désarroi indique que quelque chose ne va pas. Lorsque les enfants grandissent, il peut également indiquer qu'ils s'ennuient, qu'ils se sentent seuls ou qu'ils sont tristes. De plus, il peut signifier que votre petit perçoit d'autres émotions fortes. Par exemple, lorsque l'enfant ressent une peur, une honte ou un dégoût excessif, il exprime souvent le désarroi, et un très grand désarroi peut conduire à l'angoisse. Plus important encore, si ce sentiment s'amplifie, la colère apparaît (voir chapitre 15).

Lorsque le désarroi s'intensifie, les parents sont souvent inquiets, voire irrités par ce qu'ils ressentent comme une réaction exagérée de leur enfant et ont du mal à deviner ce qui a pu arriver pour déclencher tout cela. Il est important de se souvenir que les signaux de détresse, comme le désarroi, sont des messages, et non des attaques ou des caprices d'enfant gâté.

Dix facteurs déclencheurs possibles :

1. La faim
2. Un bruit fort et prolongé
3. Une mauvaise odeur ou un mauvais goût
4. La perte d'un objet convoité

5. Des gaz
6. Une douleur
7. Une séparation
8. Une lumière trop forte ou le soleil
9. La fatigue
10. Une couche sale

COMMENT GÉRER LE DÉSARROI

Tout d'abord, essayer de permettre son expression. Lorsque vous laissez un enfant communiquer son désarroi, vous lui montrez qu'il n'y a pas de problèmes à ressentir toute une gamme d'émotions. Vous lui dites que ce qu'il ressent est légitime. Ces messages sont essentiels pour son sens naissant du moi et de l'assurance. Bien sûr, il y a des fois – en particulier en public – où l'expression du désarroi présente des difficultés. Mais ces moments peuvent être gérés en reconnaissant le signal du désarroi, en le validant et en le nommant, en établissant la cause et, si besoin est, en emmenant l'enfant dans un autre endroit.

Si cela est dur pour vous d'entendre votre enfant exprimer son désarroi – si vous vous entendez dire : « Ça ne fait pas vraiment mal » ou « Les grands garçons ne pleurent pas » ou « Arrête d'en faire toute une histoire » –, voici quelques idées qui pourraient vous aider à vous sentir plus à l'aise. N'oubliez pas que savoir faire face aux sentiments négatifs est particulièrement important pour le développement de la régulation de la tension.

Même les plus jeunes enfants ont une raison pour ressentir ce qu'ils ressentent. N'essayez pas d'étouffer le sentiment de désarroi en ignorant son bien-fondé. Par exemple, les spécialistes en développement de l'enfant suggèrent que vous évitiez de dire : « Tu n'es pas vraiment contrarié » ou « Tu n'as pas réellement envie de jouer avec cette soucoupe ». L'enfant est contrarié. Il s'amuse bien avec la soucoupe. Lorsque vous lui dites que ses sentiments ne sont pas réels, il lui est alors difficile d'avoir une bonne image de lui-même et de sa place dans le monde. Votre rôle est de valider les sentiments de l'enfant : « Qu'est-ce qui te contrarie à ce point ? Est-ce qu'on peut le comprendre et faire quelque chose ? » : ou « Cette soucoupe est très jolie. Posons-la ici pour que tout le monde puisse la regarder. Ou pose-la sur le tapis pour que nous puissions jouer avec sans la casser. »

Ce qui est souvent appelé « pleurnicheries et jérémiades » n'est en général que la simple expression du désarroi. En tant que parents, nous utilisons souvent des termes très critiques (tels que « pleurnicherie » et « jérémiades ») pour repousser le sentiment de gêne que nous éprouvons lorsque nos enfants sont désemparés. Il est vrai que le degré de contrariété d'un jeune enfant peut quelquefois paraître disproportionné par rapport à ce qui est réellement arrivé. Vous savez que votre fille est tombée mais la chute était mineure. Toutefois, pour l'enfant, cette chute représentait beaucoup plus – surprise, humiliation, confusion et un sentiment intense de vulnérabilité. Si vous ignorez cette réalité, en ne vous concentrant que sur ce que vous pensez être vrai (votre enfant va très bien), vous allez probablement vous engager dans une interaction qui involontairement provoquera chez votre enfant un sentiment de honte ou de plus grande tristesse et un désarroi profond.

Virginia Demos a formulé le problème en termes de séquences d'expression et de réponse affective. Imaginons qu'un enfant et un de ses parents jouent joyeusement ensemble. Lorsque le jeu est interrompu, peut-être parce que le jouet est perdu ou parce qu'il est temps de rentrer, l'enfant éclate en sanglots. À ce moment-là, le parent en question peut répondre quelque chose comme : « Ce n'est rien, nous pouvons utiliser ces jouets-là à la place » ou « Nous reviendrons bientôt pour jouer ». Cette réponse devrait très certainement faire diminuer le désarroi et apaiser la rupture, avec le regain d'un affect positif. Ce genre de schéma est positif – négatif – positif. Toutefois, le parent peut répondre de façon critique et punitive à l'affect négatif de l'enfant : « Oh, arrête de pleurer ! » ou « Tu vas te taire ? Ce bruit est vraiment exécrable ! » Dans ce cas, l'enfant se retrouvera non seulement avec la blessure première mais avec une seconde en plus. La séquence serait alors positive – négative – négative. Demos a expliqué que cette séquence était dangereuse car les affects négatifs commencent un cycle malveillant, avec aucune réparation de la rupture ; le résultat ne peut être qu'une rage et un désespoir chroniques.

Je n'oublierai jamais le jour où, il y a quelques années, j'étais avec mon fils dans une épicerie. Un petit garçon qui marchait avec sa mère fit une chute et se mit à pleurer bruyamment. La maman était si embarrassée par sa crise de larmes qu'elle ne pouvait exprimer son inquiétude ; à la place, elle commença à sermonner son fils en lui disant que ce n'était qu'une petite chute, qu'il n'avait pas mal et que de toute façon les grands garçons ne pleurent pas. L'enfant regarda sa mère d'un air totalement déconcerté, essaya d'atteindre ses bras, espérant trouver un peu de réconfort, et se mit à hurler de plus belle. La gêne de la mère ne cessait d'augmenter avec les hurlements de son fils ; elle finit par prendre l'enfant, abandonna ses courses et son Caddie et quitta le magasin. Je me suis alors tourné vers mon fils et je lui ai dit : « Qu'est-ce qui n'allait pas dans ce que nous venons de voir ? » Et il répondit avec toute la clarté que les enfants de 5 ans ont parfois : « Elle n'a rien compris, n'est-ce pas ? Elle va s'attirer beaucoup d'ennuis aujourd'hui, c'est sûr ! »

Réfléchissez à vos motivations lorsque vous répondez au désarroi

Les parents minimisent souvent la douleur de leur enfant pour se sentir mieux. Si vous insistez sur le fait que l'enfant « ne s'est pas vraiment fait mal » ou que « il n'y a aucune raison d'être aussi contrarié », vous êtes en réalité en train d'essayer de vous convaincre que votre enfant ne s'est pas fait mal. Parfois, regarder son enfant se sentir mal est très pénible, c'est trop

→

insupportable. Mais qu'enseignez-vous à votre enfant lorsque vous insistez sur le fait que son désarroi n'est pas réel ? Vous lui dites simplement : « Ressens ce que je veux que tu ressentes et oublie ce que tu éprouves vraiment » ; ou encore « Je ne peux pas partager ton désarroi et ta douleur. C'est trop pour moi. Je vais prétendre que cela n'existe pas. » Pour un enfant, c'est le début des problèmes de régulation de la tension et de désarroi émotionnel, un raccourci vers une piètre estime de soi.

Ensuite, essayer de reconnaître les sentiments de l'enfant.

Par exemple, si votre enfant tombe et se met à pleurer, réagissez et dites : « Oh ! mon petit ! Tu es tombé. Tu as dû te faire mal, non ? Viens, on va arranger ça. » Étant donné que vous reconnaissez ce qui lui est arrivé et comment il se sent, l'enfant est autorisé à pleurer, ce qui est sa véritable émotion ; et il est rassuré de voir que sa réponse émotionnelle est légitime. Votre empathie à son désarroi l'apaise. (Apprendre l'empathie aux enfants est une tâche très importante. Ils apprennent beaucoup par l'exemple.) Essayez de mettre des mots sur ce qui est arrivé et sur ce que sont les sentiments. Reconnaître les sentiments aide également l'enfant à apprendre le contrôle de la tension : après avoir validé les sentiments de votre enfant, il lui est beaucoup plus facile de faire abstraction de son désarroi et de se calmer. Avec le temps, il intégrera ce genre d'interaction à son monde intérieur, en se dirigeant vers l'apaisement et le contrôle de la tension.

Troisièmement, essayer d'éliminer la cause du désarroi.

Il existe d'innombrables causes potentielles du désarroi – la faim, la fatigue, les grands bruits, l'inconfort ou la douleur, pour n'en nommer que quelques-unes. Lorsque Bébé grandit et commence à ramper et à marcher, deux des causes les plus courantes sont l'ennui et la séparation.

L'ennui provient d'un manque de stimulation intéressante et agréable. L'enfant se sent alors coincé, il est énervé et triste. Certains bébés et jeunes enfants trouvent toujours quelque chose qui les intéresse et les intrigue, mais la plupart ne savent pas s'autostimuler avant d'être un peu plus grand. Ainsi, les parents qui souhaitent aider leur enfant à apprendre – et qui aiment maintenir la paix – comprennent rapidement qu'il vaut mieux procurer un flot constant de stimulation calme mais intéressante, en favorisant plus particulièrement l'interaction avec autrui.

Les recherches effectuées par René Spitz dans les années 1950 ont révélé que les bébés, s'ils n'étaient pas assez stimulés, pouvaient présenter des troubles importants du comportement. Son travail ainsi que le travail d'autres chercheurs au cours des cinquante dernières années ont confirmé que si le bébé manque de stimulation appropriée à certains moments de sa vie, le cerveau ne se développe pas complètement. L'intelligence, le langage, la perception, la pensée et d'autres aptitudes peuvent s'en trouver diminués. Toutefois, un bébé n'a pas besoin d'être victime d'un ennui extrême pour être affecté négativement par un manque de stimulation.

Même dans des situations ordinaires, l'ennui peut provoquer chez un bébé un repli sur lui-même, voire une agitation chronique. Chez les jeunes enfants, il peut provoquer également une certaine agitation et l'envie de tout mettre sens dessus dessous, dans l'espoir désespéré de découvrir une stimulation intéressante. Plus tard, à l'adolescence, l'ennui peut avoir pour résultat un comportement autodestructeur, délinquant ou criminel.

Souvent, les enfants s'ennuient au restaurant. Quelquefois, ils se trouvent eux-mêmes une stimulation en soufflant du lait dans une paille, en laissant tomber une fourchette par terre ou en poussant un cri strident. Parfois, ils s'agitent et se tortillent sur leur chaise, en pleurant et en frappant quiconque essaie de les en empêcher. Je me souviens d'un jour où je regardais une adorable petite fille assise avec quatre adultes. Après que ses cris répétés pour attirer l'attention eurent été complètement ignorés, elle déchiqueta sa crêpe, mit du sirop sur ses vêtements et renversa une tasse de café – tout cela en l'espace de seulement quelques minutes. Les adultes étaient horrifiés et pris complètement par surprise. « Pourquoi tu as fait ça ? »

demanda l'un d'eux. Si l'enfant avait pu parler, elle aurait dit : « Parce que vous avez été très impolis. Quand j'ai parlé plus fort pour attirer votre attention, vous m'avez complètement ignorée ! Qu'est-ce que j'étais supposée faire ? » Mais comme elle ne pouvait pas s'expliquer, elle reçut une bonne tape sur le bras et fut traînée aux toilettes pour un nettoyage complet où, je suppose, elle s'est encore fait gronder.

J'ai remarqué je ne sais combien de fois que, lorsque l'ennui ou le désarroi atteint de telles proportions, de nombreux parents se trompent et interprètent les protestations de l'enfant comme un vilain comportement. La réaction immédiate des parents est de punir le désarroi plutôt que de donner à l'enfant quelque chose qui stimule son intérêt. Puis le conflit s'envenime, conduisant parfois les parents et l'enfant à crier et frapper – ce qui entraîne des conséquences négatives pour le développement émotionnel de l'enfant et pour les relations parents-enfant. Même les parents les plus modérés, qui ne comprennent pas les signaux, peuvent mal interpréter l'agitation de leur enfant. Ils peuvent la rejeter en disant : « Oh ! elle ne supporte pas quand elle n'est pas le centre d'intérêt. » Ou alors ils abaissent l'enfant en disant : « Tu es si vilaine ! Il va falloir que tu apprennes à mieux te comporter. » Ces réponses rejettent l'expression légitime des sentiments de l'enfant et peuvent ébranler son amour-propre.

Si votre enfant agit en public, il y a de fortes chances pour qu'il ne soit pas un sale marmot mais qu'il demande simplement quelque chose pour nourrir sa curiosité. Cela veut dire que, de temps à autre, vous devez détourner votre attention de votre conversation d'adulte ou de votre repas et vous concentrer sur lui, mais généralement en proposant quelque chose d'intéressant pour sortir de cette situation.

Donc, si vous et votre enfant devez rester assis un long moment dans la salle d'attente d'un médecin, essayez de jouer avec des jouets, de lire un livre, de marcher dans la pièce en regardant ce qu'il y a sur le mur. Dans un restaurant, mettez ses jouets préférés dans la poussette ; faites participer votre enfant à la conversation ; tenez-le sur vos genoux si nécessaire. Lorsque vous faites vos courses, essayez de le faire participer aux activités. Être attentif à l'ennui d'un bébé lui fournira une bonne stimulation pour que l'intelligence, le langage, la pensée et la perception puissent se développer normalement. En fait, ces moments de forte contrariété peuvent se transformer en opportunités pour apprendre.

« Voyons, ces pâtes coûtent 1 € le paquet. Donc, si nous prenons deux paquets, le total sera de... » « Oh, regarde ce qui est inscrit "Peser sur cette balance". Peser, c'est un mot important. Il veut dire que l'on peut mesurer le poids de quelque chose... même le tien ! »

L'angoisse de la séparation, un autre facteur déclencheur courant du désarroi, fait inévitablement partie de la vie – tout particulièrement chez les bébés – et il est très difficile de l'empêcher. Tôt ou tard, Maman et Papa sont obligés de quitter la pièce, de partir travailler, d'aller faire des courses ou de prendre une douche. Un enfant peut également vivre une séparation plus importante, comme un long voyage ou le divorce de ses parents. Mais même si la séparation fait partie des activités quotidiennes ou de circonstances extraordinaires, les bébés peuvent rapidement en conclure qu'ils sont abandonnés ; ils se sentent alors plus vulnérables et livrés à eux-mêmes. Dans de telles circonstances, vous devez insister sur le fait que vous reconnaissez les sentiments de l'enfant. Par exemple, si votre enfant est contrarié parce que votre femme doit quitter la maison pour partir faire des courses, il faut le prendre dans les bras et lui dire : « Je sais que Maman te manque. Je t'aime aussi, mon chéri, et Maman va vite revenir. Viens, on va jouer ! » Même si le bébé ne sait pas encore parler, il comprend le ton de votre voix et le sens de vos propos.

Dans ces moments de séparation et de désarroi, un enfant peut aussi se mettre en colère – contre vous qui êtes là et contre la personne qui est partie. Il est très important de ne pas prendre cette colère personnellement. L'enfant exprime simplement un désarroi qui s'est amplifié et implore qu'on le calme et qu'on le rassure. Si vous pensez que vous ne pouvez rien faire, réfléchissez encore.

Les problèmes d'attachement et de séparation sont très

complexes et font l'objet de nombreuses études. Les bébés et les enfants ont tendance à osciller entre une lutte pour l'autonomie et un désir d'intimité et de sécurité. Ils se battent pour être indépendants mais ont à la fois désespérément besoin d'être rassurés et protégés par les liens étroits qui les unissent à Maman et Papa. Un enfant qui était sociable peut devenir collant et timide ; un enfant qui adorait sa baby-sitter peut se comporter comme s'il ne l'avait jamais vue ; des grands-parents adorés peuvent devenir des remplaçants mal aimés de Maman ou Papa. Leurs intérêts oscillent entre ce qui est nouveau et ce qui est familier. Certains enfants vivent la transition vers l'indépendance plus difficilement que d'autres, mais il n'y a aucune raison de critiquer un enfant qui se bat avec cette étape du développement. *N'oubliez pas de parler, d'expliquer, de substituer et de distraire : c'est la formule sacrée pour bien gérer le désarroi de la séparation.*

Jean-Luc est le père de Romain, 15 mois. Quand sa femme a dû s'absenter pour quatre jours, le bébé était évidemment bouleversé et confus. « Je faisais ce que je pouvais pour le rassurer, raconte Jean-Luc. Je me souviens que lorsque je changeais sa couche, il me regardait d'un air stupéfait. Je disais : "Je sais que c'est très différent pour toi mais on peut s'amuser aussi. Maman sera de retour dans quelques jours. Ne t'inquiète pas. Je vais m'occuper de tout." C'est peut-être le fruit de mon imagination mais je jure qu'il m'a souri et j'ai senti tout son corps se détendre. »

C'est également très important si Maman ou Papa les appelle pendant leur absence et leur parle au téléphone. Beaucoup d'adultes pensent qu'avec les enfants, c'est loin des yeux loin du cœur. Mais même si un enfant est calme et semble s'adapter relativement bien à la séparation, il y a de fortes chances pour qu'à l'intérieur, il soit émotionnellement bouleversé. Souvent, les parents pensent qu'ils ne feront que bouleverser leur enfant s'ils l'appellent durant leur absence. « Il va bien, pourquoi le contrarier ? » Mais les parents ne réalisent peut-être pas que le manque d'expression ouverte du désarroi peut masquer un état émotionnel intérieur. Si l'enfant a envie de pleurer quand vous appelez, ce n'est pas parce que vous créez un nouveau sentiment de tristesse mais parce que vous touchez simplement le désarroi qu'il n'exprimait pas et qui était en lui. Lui permettre de l'exprimer puis le consoler est en fait très sain pour l'enfant, même si l'expérience est traumatisante pour la maman ou le papa.

Le désarroi de la séparation peut également se produire pour la perte d'objets, sentiment amplifié très souvent par une incompréhension. Mon fils et moi nous trouvions récemment dans un train. Près de nous était assise une famille avec une petite fille de 5 ans qui avait apparemment perdu dans le taxi son nouveau bracelet brillant qu'elle avait eu à la fête foraine pour cinquante centimes d'euro. Elle était toujours aussi bouleversée. La maman était peu compatissante et un peu en colère. Elle n'arrêtait pas de dire : « Je t'avais dit que tu le perdrais si tu l'enlevais pour jouer avec dans le taxi. C'est de ta faute. Tu m'écouteras peut-être maintenant. » La petite fille parut encore plus bouleversée ; sa lèvre inférieure tremblait alors qu'elle essayait de ne pas pleurer. Mon fils me dit en chuchotant : « Cette maman ne semble pas comprendre ce qui se passe. » Je me suis alors tourné vers lui et lui ai demandé : « Et si on parlait un petit peu avec eux ? » Il acquiesça et, après une petite discussion avec la famille sur ce qui était arrivé, je dis quelque chose comme : « Votre petite fille est bouleversée d'avoir perdu son bracelet. C'est dommage. Et c'est très ennuyeux pour les parents quand les enfants ne font pas attention à leurs affaires, les perdent puis se mettent en rogne. Mais je pense qu'elle se sent déjà assez mal comme ça. Lui dire simplement que vous êtes désolés qu'elle l'ait perdu serait plus efficace que la critique. » La maman sembla reprendre un peu ses esprits et dit à l'enfant : « Je suis *vraiment* désolée que tu aies perdu ton bracelet. » L'enfant fondit en larmes.

« Elle ne se met pas dans cet état-là habituellement », dit la maman, surprise par la crise de larmes. Je lui ai expliqué que tout allait bien. C'était l'expression naturelle des sentiments de désarroi qu'elle avait étouffés et du soulagement d'être enfin comprise. Nous avons continué la conversation, les enfants ont commencé à jouer ensemble et nous avons passé un très bon moment.

Il se passe beaucoup de choses dans cet exemple, et certaines d'entre elles sont assez compliquées. Mais le point principal est qu'un effort a été fait pour permettre l'expression du désarroi, et que le désarroi et la colère de l'enfant et de la mère ont été identifiés, reconnus et validés avec un résultat très positif.

Les avantages d'être attentif au désarroi

À court terme, calmer le désarroi de votre enfant permet d'éviter toutes sortes de complications – pour vous et pour votre bébé. Un enfant agité et inconsolable est difficile à gérer. Ça met les nerfs à vif. Vous pouvez même vous sentir incompétent ou coupable. Esquivez ces coups et vous et votre enfant passerez de grands moments de joie ensemble.

À long terme, répondre de façon appropriée au désarroi présente de nombreux avantages pour votre enfant. Cela l'aide à développer la régulation de la tension : le fait d'apaiser votre enfant lui permettra, plus tard, de s'apaiser lui-même. Cela augmente également son sens de l'optimisme et de l'entrain. Votre réponse judicieuse au désarroi le rassure et lui dit que le monde est un endroit sûr. Le bébé pense : « Je suis en sécurité ; ce n'est pas si effrayant. Mes besoins seront reconnus et pris en charge. » Cela contribue au sens naissant de la compétence du bébé. Vous êtes en train de lui dire que ses sentiments sont réels et légitimes et qu'il a jugé les événements correctement. Votre enfant apprend à faire confiance à sa perception de son monde intérieur et extérieur et à exprimer honnêtement ses émotions. Tout cela aboutit à un sens solide de l'amour-propre. En traitant l'ennui, la perte ou la douleur d'un enfant, vous lui dites : « Ce que tu ressens est important pour moi, et tu mérites qu'on fasse l'effort de te comprendre et de t'aider à te sentir mieux. »

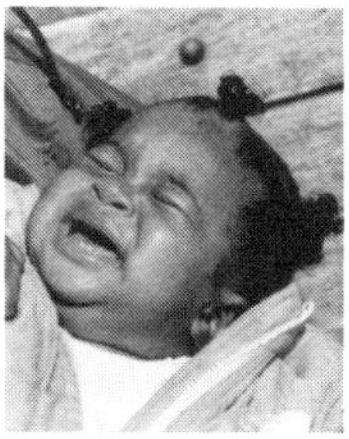

15

La colère

Le signal de la colère se caractérise par une mâchoire serrée, les lèvres pincées ou tirées en arrière de façon à montrer les dents, le visage rouge, un froncement des sourcils, les yeux peuvent être plissés, les narines distendues, les muscles du cou tendus ; les bébés pleurent, crient, tapent, donnent des coups de pied ou mordent. On observe également une humeur maussade, un repli sur soi et un regard furieux. La colère va crescendo jusqu'à la rage.

Je me souviens de la première fois où j'ai réalisé que Tom pouvait se mettre en colère – je veux dire vraiment très en colère. Il devait avoir environ 5 mois et ses pieds se sont emmêlés dans sa couverture et dans les barreaux de son lit alors qu'il faisait la sieste. Je l'ai entendu s'agiter et j'ai pensé que ce n'était rien, que ça passerait et qu'il se rendormirait vite. Mais son agitation continua et il finit par se mettre à hurler. Quand je suis arrivée dans sa chambre, il était furieux. Son petit visage était tout rouge, il fronçait les sourcils et sa bouche avait une expression redoutable. On aurait dit qu'il voulait se battre contre quelque chose ! Je me sentais vraiment très mal. Mais je ne me dou-

tais pas qu'il était en pleine détresse lorsqu'il a commencé à s'agiter. J'ai appris que même les bébés peuvent se mettre très en colère si on ne les aide pas lorsqu'ils en ont besoin.

Susanne, 26 ans, mère de Tom, 13 mois

La colère est le signal qui est le plus dur pour les parents et qui est, la plupart du temps, mal interprété. C'est si facile de se sentir visé personnellement ; et un enfant en colère peut être difficile à consoler. Prenons un peu de recul et essayons de comprendre ce qu'est la colère, comment elle apparaît et ce qu'elle signifie.

Tout d'abord, il est important de se rappeler que la colère est un signal qui est directement connecté au cerveau. Lorsque les bébés et les jeunes enfants se mettent en colère, ils ne peuvent s'en empêcher. Au départ, les enfants n'ont pas la faculté de contrôler la colère ; puis, petit à petit, ils apprennent à la maîtriser grâce à l'exemple et à la réponse que vous leur donnez. Une partie importante du développement est de comprendre la colère et de savoir comment l'exprimer judicieusement. Mais cela prend du temps. Pendant cet apprentissage, vous pouvez être éprouvé par l'intensité de l'émotion de votre tout-petit.

La colère apparaît lorsqu'un signal négatif, tel que le désarroi, est soutenu et devient excessif. Un bébé en colère dit : « Mon désarroi est trop intense pour que je puisse encore le supporter. » Chaque fois que la colère survient, posez-vous cette question : « Qu'est-ce qui a déclenché la détresse initiale ? » Vous devez alors agir vite pour remédier à la situation. Répondez à la cause plutôt que de réagir au contenu de la colère elle-même.

C'est peut-être plus facile de comprendre comment le désarroi mène à la colère si vous pensez à ce qui se passe lorsque vous vous cognez l'orteil. Tout d'abord, lorsque vous vous heurtez l'orteil contre le pied du lit, vous ressentez de la douleur et du désarroi... mais quelques secondes plus tard, lorsque la douleur est de plus en plus présente, la colère fait son apparition ! Vous ne souhaitez alors qu'une chose : c'est jurer ou frapper un objet quelconque. Il est intéressant de noter qu'un bébé ou un enfant bouleversé a une réaction similaire. Peut-être l'avez-vous remarqué lorsque votre enfant a trébuché et est tombé sur la table basse du salon. Au début, il a poussé un hurlement et a pleuré, puis il s'en est pris à vous ou à la table.

En outre, la colère n'est pas simplement déclenchée par un excès de signaux négatifs tels que la peur ; elle peut également l'être lorsque les signaux positifs d'intérêt et de joie sont interrompus. Cela conduit au désarroi qui peut ensuite se transformer en colère.

Une fois que vous savez reconnaître quand votre enfant éprouve un désarroi excessif et se met en colère, la clé est de calmer la contrariété. Ne discutez pas avec l'enfant ou n'essayez pas d'amoindrir sa colère ; intéressez-vous plutôt à ce qui l'a déclenchée. Il est également important de reconnaître et de contrôler votre propre colère qui pourrait survenir en réaction à l'accès de votre enfant.

Si vous respectez ces mesures, votre bébé commencera à reproduire ce processus qui consiste à reconnaître la colère, à éliminer le facteur déclencheur et à contrôler sa réaction avec un changement positif. C'est de cette façon qu'un enfant apprend que l'escalade et la rupture ne sont pas nécessaires. Vous ne pourrez peut-être pas le faire dès le départ mais, avec le temps, si vous respectez ces principes de base, vous apprendrez à gérer les différentes expressions de colère de votre enfant. Et votre enfant fera de même.

Une de mes collègues, Pam, m'a raconté une histoire au sujet d'une maman, Mia, et de son fils Léo, âgé de 18 mois, qui faisait des caprices à chaque fois plus intenses. Ma collègue a rencontré Mia et Léo la première fois dans une crèche où ils accueillent les enfants de la naissance à 3 ans. Léo était en train de jouer joyeusement avec une pelle à neige de la taille d'un adulte lorsqu'un enfant plus jeune que lui s'approcha trop près de la lame de la pelle. À ce moment-là, une des assistantes maternelles retira doucement mais fermement la pelle des mains de Léo et la cacha derrière un rideau. « C'est beaucoup trop dangereux », dit-elle à l'enfant. Eh bien, Léo devint presque fou. Il se mit à hurler, à pleurer, il se coucha par terre, donna des coups de pied et se tapa la tête par terre. Et il ne s'arrêtait pas. Mia s'approcha, secoua la tête, gênée, et dit : « Je le laisse seul quand il se met dans cet état-là et il s'arrête. » Et puis elle marmonna à voix basse : « Il fait toujours ça. Ça me rend folle ! »

Après quelques minutes, Léo finit par se calmer et ma collègue remarqua qu'il était pâle, apathique, et avait l'air épuisé. Pam savait que Mia et Léo étaient tous les deux intelligents et vifs d'esprit ; alors qu'est-ce qui n'allait pas ?

Mia vint voir Pam la semaine suivante et lui dit : « Je suis sûre que tu as vu ce qui s'est passé la semaine dernière. J'essaie d'être une bonne mère mais si seulement je savais ce qui se passe. » Pam lui demanda de lui en dire plus sur le comportement de Léo. Alors que Mia parlait, deux points essentiels apparurent. Premièrement, Léo avait commencé ses caprices tout petit déjà et ils étaient devenus de plus en plus fréquents et intenses. Et deuxièmement, Mia avait horreur de la colère et n'aimait pas la côtoyer. Elle pensait que la colère devait être maîtrisée aussi vite et efficacement que possible. « La colère n'apporte jamais rien de bon », dit-elle. De toute évidence, Mia était horrifiée de voir que son pire cauchemar – un enfant coléreux – devenait réalité.

Mia, comme la plupart des parents, adorait son enfant et voulait vraiment l'élever correctement. Donc, Pam décida que la première des choses à faire était de lui donner quelques informations de base sur la petite enfance et sur les neuf signaux. Pam sentait qu'il fallait, en particulier, lui expliquer ce que la colère était réellement une réponse instinctive à un intérêt interrompu et à un désarroi excessif. Elle pensa également qu'il serait utile d'explorer le sentiment d'amour-propre pratiquement inexistant que Mia éprouvait en raison de ses problèmes avec Léo.

Pam expliqua à Mia que les chercheurs avaient découvert que la colère était l'une des réponses naturelles et innées que tous les bébés ont. Elles parlèrent du signal d'intérêt, de la façon dont les bébés recherchent un stimulus et sont curieux et que, lorsqu'on interrompt leur expression d'intérêt, ils se mettent invariablement en colère. C'est ce qui s'était passé avec l'incident de la pelle à neige. L'intérêt de Léo avait été interrompu sans cérémonie et personne n'avait essayé de lui expliquer vraiment pourquoi ni de lui offrir une autre source de stimulation et d'intérêt. Pam précisa à Mia à quel point c'était important d'expliquer à Léo pourquoi la pelle lui avait été enlevée, de lui demander ce qu'il ressentait et ce qu'il fallait faire pour lui donner un objet d'intérêt équivalent. Même s'il ne comprenait pas tous les mots, il comprendrait au moins que les adultes qui partagent sa vie étaient attentifs à ses besoins émotionnels et l'aidaient à apprendre à contrôler sa colère et à rediriger son attention. Pam proposa à Mia d'essayer de lui dire des choses comme : « Chéri, je suis désolée mais nous sommes obligés de ranger la pelle car la lame est trop coupante et quelqu'un pourrait se faire mal. Je sais que c'est contrariant mais nous devons la ranger là-bas. Je comprends que tu sois en colère contre moi ; je sais que tu t'amusais bien. Tiens, regarde cet hélicoptère, là-bas. Non ? Tu ne veux pas jouer avec ? Quel jouet tu voudrais à la place ? » Ou : « Viens, on va regarder la pelle ensemble et je vais te montrer comme la lame est bien aiguisée. »

La relation entre Léo et Mia ne s'est pas améliorée immédiatement, mais en l'espace de quelques semaines ils ont commencé à mieux communiquer. « Ça me semble tellement logique maintenant, tous ces accès de colère, dit Mia à Pam. Je considère la colère comme un signal ; je n'ai plus qu'à en rechercher la cause et à essayer de trouver une solution. Je ne me sens pas visée personnellement et cela ne m'effraie pas plus que ça. »

Mia expliqua également comment elle en était arrivée à penser qu'elle n'était pas une bonne mère. Au fur et à mesure des colères de Léo, elle devenait de moins en moins sûre de ses aptitudes en tant que mère et de moins en moins capable de reconnaître ce que son fils tentait de lui dire. Maintenant qu'elle était capable de traiter ses colères de façon plus appropriée et plus constructive, les caprices de Léo ont commencé à se calmer et Mia a repris progressivement confiance en elle. Environ six mois plus tard, Pam et Mia ont eu l'occasion de se rencontrer de nouveau. Mia déclara que les choses continuaient de s'arranger et qu'elle avait lu beaucoup de choses sur la colère et sur d'autres sentiments. Ses lectures l'avaient aidée non seulement avec Léo mais aussi avec sa propre vie intérieure. En tant qu'adulte, pouvoir reconnaître la colère et traiter judicieusement les facteurs déclencheurs est essentiel. Avec un enfant, reconnaître et nommer verbalement la colère sont deux actions très importantes. De cette façon, vous pouvez éliminer ce qui l'a déclenchée. Ce qui signifie qu'il ne faut pas essayer de l'occulter lorsqu'elle se manifeste. La colère que l'on renie reste enfermée au plus profond de soi. Même chez les enfants en bas âge, la colère peut alors se transformer en dépression, en humeur maussade, en pessimisme ou en rage chronique envers soi-même ou envers les autres.

Ce qui déclenche la colère

Les bébés expriment généralement le désarroi parce qu'ils ont faim, sont fatigués, ont mal et parfois parce qu'ils sont malades. Les enfants un peu plus âgés expriment du désarroi pour un nombre toujours plus grand de raisons – l'ennui, ou diverses frustrations, par exemple.

Alors que le bébé grandit et acquiert le langage, les facteurs déclencheurs de désarroi deviennent de plus en plus complexes et psychologiques (associés à des sentiments de déception, de honte, d'humiliation, de peur, de solitude, un sentiment d'abandon, de tension).

Quel que soit l'âge, la colère peut surgir si un signal devient trop intense ou dévie vers un désarroi excessif et soutenu. L'interruption de l'intérêt peut également déclencher la colère – c'est pourquoi votre enfant est si contrarié lorsque vous mettez un terme au moment formidable qu'il est en train de passer.

COMMENT ÊTRE ATTENTIF À LA COLÈRE

Avant de pouvoir faire face à la colère de votre enfant, vous devez tout d'abord savoir gérer vos propres réponses émotionnelles. Techniquement, la colère est considérée comme un affect hautement contagieux – c'est-à-dire que la colère présente chez un individu se transmet facilement à la personne avec laquelle il y a conflit. Ainsi, pour de nombreux parents, la colère d'un enfant peut être contagieuse – ils se mettent en colère à leur tour. Souvent, les parents ne reconnaissent pas la colère comme étant une réponse inhérente et naturelle à un stimulus particulier ou à un cri de détresse. Ils la considèrent plutôt comme une attaque personnelle et réagissent en défense. Toutefois, si vous réussissez à contrôler votre propre colère face à celle de votre enfant, ce dernier commencera à copier ce processus de reconnaissance du signal, de suppression des facteurs déclencheurs et de contrôle de votre propre réaction à la colère avec un changement positif. C'est de cette façon qu'un enfant apprend que l'escalade et le conflit ne sont pas nécessaires. C'est le chemin qui mène à l'apaisement et à la régulation de la tension.

Toutefois, ce n'est pas toujours facile à faire. J'ai rencontré un jour une mère qui était si furieuse contre ses enfants lorsqu'ils se mettaient en colère qu'elle leur disait : « Maintenant, j'en ai assez ! » Elle faisait leur valise et mettait les enfants dans la voiture « pour les emmener à l'orphelinat ». Les enfants fondaient en larmes, s'excusaient et lui disaient qu'elle était la meilleure maman du monde et qu'ils n'étaient pas en colère contre elle. Elle avait gagné et les ramenait à la maison, pensant qu'ils avaient appris une bonne leçon. Mais ce n'était pas la leçon à laquelle elle pensait. Ils avaient appris en fait que s'ils exprimaient un sentiment de colère, cela risquait de détruire complètement leur mère et l'amour qu'elle avait pour eux. Leur développement émotionnel risquait d'être sérieusement atteint. Une autre mère que je connaissais enfermait ses enfants dans la véranda lorsqu'ils se mettaient en colère contre elle en leur disant qu'une madame Dupont imaginaire allait venir pour les emmener.

Ce genre de réaction extrême à la colère d'un enfant arrive lorsque les parents ont très peu d'estime d'eux-mêmes et une piètre compréhension des sentiments. La colère de l'enfant confirme ce que pensent les parents, à savoir que c'est un terrible individu. En conséquence, les parents doivent agir fermement pour supprimer la cause de leurs propres émotions douloureuses. Les parents qui ont ce genre de réaction face à la colère de leurs enfants doivent impérativement se rappeler qu'ils doivent penser détresse et non attaque.

Certains parents ont un comportement complètement différent. Ils en ont peur, donc ils essaient de l'étouffer et de la faire disparaître sans vraiment s'occuper du signal ni de sa signification. D'autres ont peur d'exprimer leur propre colère qui n'est pas toujours très bien maîtrisée. Si ces exemples vous sont familiers, essayez de vous accorder un temps de repos. Comme je l'ai déjà évoqué précédemment, il vaut mieux mettre de l'eau sur le feu que de l'huile. Mais avant de partir prendre l'air, prenez le temps de mettre des mots sur vos émotions et d'expliquer à votre enfant ce qui se passe. Dites-lui : « Écoute, je suis trop en colère pour régler ce problème maintenant. Ça ne veut pas dire que je ne t'aime pas. Je suis furieuse contre ce genre de comportement et je ne sais pas si je peux contrôler ma colère. Je pourrais dire ou faire quelque chose que je regretterais. J'ai besoin d'un temps de repos. »

Demandez-vous : « Comment est-ce que je gère la colère ? Qu'est-ce que j'en pense et qu'est-ce que je ressens ? » Si vous pensez que vous êtes mal à l'aise avec ce sentiment ou que vous ne pouvez pas contrôler cette colère qui est en vous, essayez de savoir d'où viennent vos sentiments et de les gérer. Demandez-vous : « Comment ma famille faisait face à la colère ? Comment est-ce que je l'exprime dans mes relations adultes aujourd'hui ? » Vous vous rendrez compte qu'il y a des corrélations intéressantes entre vos propres réactions à la colère et les crises de votre enfant. Cela pourra vous aider à contrôler vos réactions et à modifier votre réponse au signal de colère de votre enfant.

Vous pouvez très bien exprimer de la colère en réponse aux crises de votre enfant – mais heureusement vous savez mieux que lui réguler vos émotions et quel comportement adopter. Lorsqu'il exprime de la colère, vous avez la possibilité d'être son modèle en maîtrisant sagement vos émotions : s'il voit que vous parvenez à bien gérer votre colère, il apprendra à faire la même chose. Comme nous l'avons mentionné au chapitre 7 sur l'identification, vous êtes pour votre enfant la première source d'informations sur les réactions à adopter face aux situations complexes de la vie et sur la façon d'exprimer les émotions. Si vous rentrez dans une rage folle à chaque embouteillage, votre enfant apprendra que ce genre d'expression de la colère est une réponse appropriée à la frustration. Si vous hurlez quand vous êtes fatigué, grincheux, affamé ou mécontent, votre enfant pensera que c'est la manière dont il doit aussi se comporter dans de telles situations. Mais si vous comprenez le fonctionnement de ces émotions, si vous validez vos propres émotions, adoptez une attitude enjouée à chaque frustration et trouvez une solution à chaque difficulté, votre enfant apprendra à être plus accommodant.

Alors, la prochaine fois que votre enfant pique une crise, pensez simplement que c'est une occasion en or pour lui apprendre le contrôle de soi. En vous souvenant que la colère provient d'un désarroi excessif, votre effort pour soulager son inconfort reconnaîtra sa douleur ou sa frustration, et validera sa perception de son propre monde. Mais surtout, vous lui montrerez *comment résoudre un problème et se contrôler* en agissant calmement face à la situation. Au bout du compte, le bébé peut *intérioriser cette faculté à observer et se contrôler* et avoir *l'assurance* que si les choses tournent mal et que le désarroi ou la colère s'installe, quelqu'un quelque part (et plus tard lui-même) devinera quel est le problème et fera quelque chose pour le régler.

La prochaine étape consiste à mettre des mots sur les sentiments – les vôtres ou les siens. Cela vous aidera à contrôler votre propre tension et procurera à votre enfant un bon modèle pour qu'il puisse à son tour apprendre à le faire. Parlez à votre enfant de ces accès de colère. S'il jette sa tartine par terre, demandez-lui ce qui ne va pas : il n'a plus faim ? Elle n'est pas bonne ? Il n'aime pas ce qui est dessus ? Il voulait autre chose ? Vous pourrez ainsi mieux comprendre son geste. Puis posez-vous des questions lorsque ce signal apparaît : est-ce que mon enfant a faim ? Est-ce qu'il est fatigué ? Est-ce que sa couche est sale ? Est-ce qu'il a mal quelque part ou est-ce que quelque chose le gêne ? Si la réponse est non, envisagez la possibilité que votre enfant soit malade ou qu'il ait une poussée dentaire. L'idéal serait que vous appreniez à ne pas vous sentir visé par la colère de votre enfant et à ne pas répondre par la colère.

Vous devez également apprendre à faire diminuer l'intensité de cette colère en la reconnaissant – ne pas chercher à l'étouffer, à la refuser, à la critiquer ou à la ridiculiser – et en concentrant toute votre attention sur la situation qui l'a déclenchée. Par exemple : vous avez mis votre enfant dans sa chaise haute et vous lui avez donné une voiture pour qu'il joue avec. Il mange et joue avec sa voiture en même temps. Lorsque la voiture tombe par terre, il commence à pleurnicher. Vous l'ignorez, pensant qu'il devrait de toute façon se concentrer sur son repas. Il continue à pleurer. Vous lui dites alors gentiment : « Mange tes bonnes pommes de terre. » Soudain, il explose, il se met à hurler et à taper sur le plateau parce que vous ne voulez pas ramasser la voiture. Vous vous impatientez et vous lui dites d'un ton agressif : « Allez, mange ! Ça suffit avec cette voiture ! » Maintenant, votre bébé hurle de rage. Son visage devient rouge, ses petits poings sont serrés. Finalement, vous comprenez l'importance de cette voiture, vous la ramassez et vous lui dites gentiment : « D'accord, voilà la voiture. » Si votre ton n'est pas critique mais plutôt doux et apaisant, il y a de fortes chances pour qu'il s'arrête de pleurer. Il a « parlé » et il a été entendu.

Si, d'un autre côté, vous refusez de lui rendre sa voiture, la situation va dégénérer et ce sera à celui qui l'emportera. Ce sera vous contre votre enfant : vous, insistant sur le fait que vous êtes un énorme gorille qui de toute façon obtient toujours ce qu'il veut (n'oubliez pas que, pour votre enfant, c'est exactement ce que vous êtes), et votre enfant, qui se bat autant qu'il peut pour se faire comprendre et pour que vous l'aidiez à sortir de cette situation (la voiture est tombée) qu'il ne peut régler seul (il ne peut pas descendre de la chaise et ramasser la voiture).

Le dernier point à ne pas oublier est qu'il y a toujours des solutions – si vous devez interrompre l'expression d'intérêt de votre enfant, il existe de nombreuses autres activités ou objets susceptibles de stimuler à nouveau son intérêt. L'astuce est de penser aux autres possibilités plutôt que de réagir de façon intempestive.

Quelquefois, cependant, toutes les meilleures intentions du monde ne marchent pas. La colère peut parfois survenir sans raison apparente. Elle peut être le résultat d'une accumulation de frustrations, « la goutte qui fait déborder le vase ». Il peut très bien n'y avoir aucun facteur déclencheur du désarroi ni aucun moyen évident de consoler votre enfant. La colère peut également très bien s'autoalimenter. Votre enfant est tellement sous pression qu'il lui est difficile de se calmer. Lorsque cela arrive, il faut du temps pour retrouver un certain équilibre. Si votre enfant mord ou jette des objets, il faut faire tout ce qui est en votre pouvoir pour tenter de le calmer. Vous réfléchirez aux causes plus tard. Il faut le maîtriser en le prenant sur vos genoux ou en disant : « Je vais te laisser seul. Je te donne quelques peluches. » Une fois votre enfant calmé, vous pouvez lui parler de ce qui s'est passé.

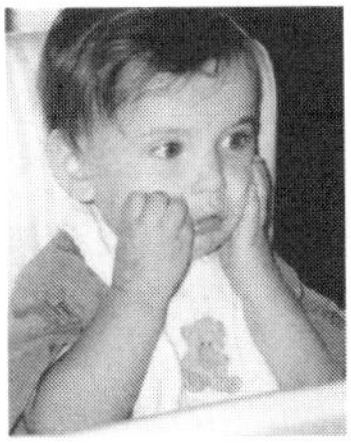

16

La peur

Le signal de la peur s'exprime de différentes façons. Les yeux du bébé sont grand ouverts, sa peau est pâle. Il a froid ou commence à transpirer. Son visage, ses mains et ses jambes se mettent à trembler. Ses cheveux peuvent même se redresser ; il peut être très calme ou alors se mettre à hurler. Les jeunes bébés réagissent souvent en se repliant complètement sur eux-mêmes ou en s'endormant subitement. La peur va crescendo jusqu'à la terreur.

Quand mon fils avait environ 8 mois, nous l'avons emmené à son premier feu d'artifice après un match de base-ball. Nous en étions tout excités, pensant qu'il adorerait les couleurs. À la première détonation, il a été surpris ; puis à la deuxième, il était terrorisé. Peu de temps après, il s'est accroché à sa mère, enfouissant sa tête dans ses bras. Ce bruit effrayant était tout simplement trop dur à supporter. Malgré notre tentative de le convaincre qu'il ne risquait rien et que c'était magnifique, rien ne pouvait l'apaiser. Nous sommes alors rapidement partis pour lui éviter toute détresse supplémentaire. Alors que le bruit continuait de retentir, son visage se figea, il se replia sur lui-même et s'endormit. Je pense que c'était pour se protéger. Nous avons rejoint la voiture et nous sommes partis ; tout était calme et il dormit un petit moment.

Nous avions fait notre possible pour faire cette sortie en famille, et il nous était, au départ, très difficile de donner à ses sentiments le respect qu'ils méritaient. Mais la seule solution était de dire : « Ce bruit est vraiment fort. Je vais te couvrir les oreilles. Ne t'inquiète pas. Nous allons partir. » Puis direction la voiture et en route. Quand on est parents, les besoins de l'enfant sont prioritaires ; et quand il a besoin qu'on lui soulage sa peur, il est très important de reconnaître que le sentiment existe et qu'il doit être respecté. Quelques années plus tard, après avoir vu un feu d'artifice à la télévision, nous en avons parlé et nous lui avons raconté l'histoire. Puis nous l'avons emmené en voir un ; il a adoré et continue de les aimer.

Paul C. Holinger

La peur est une réaction naturelle et nécessaire – elle aide une personne à éviter le danger en envoyant un signal d'alarme dans tout le corps, en stimulant les hormones du stress, en préparant l'esprit et le corps à combattre un danger potentiel. Personne, et encore moins un bébé, ne peut survivre sans la faculté de ressentir et de réagir à la peur. La peur est une sonnette d'alarme et les enfants la font sonner haut et fort, peut-être parce qu'ils ne peuvent se protéger eux-mêmes et qu'ils ont besoin de nous prévenir pour qu'on vienne à leur secours.

Au niveau du cerveau, la peur est associée à un départ relativement soudain et à une forte augmentation de la vitesse du bombardement neuronal, plus soudaine et plus forte que pour l'intérêt mais avec une augmentation moins rapide que pour la surprise. La peur est relativement toxique ; le corps et le cerveau ne peuvent tolérer les réactions biochimiques très longtemps. Toutefois, des événements isolés qui provoquent la peur ne nuisent généralement pas à l'enfant à long terme. Ce sont les facteurs déclencheurs fréquents et non résolus qui peuvent engendrer des problèmes. C'est pourquoi il est important d'essayer d'intervenir efficacement et de résoudre rapidement le problème.

Lorsque vous êtes réceptif au signal de peur et que vous essayez de trouver une solution, votre enfant apprend ce qu'est la peur et apprend à la contrôler – cela fait partie de la maîtrise naissante de son environnement et de son monde psychologique.

Il faut savoir que ce qui effraie un enfant peut simplement surprendre ou provoquer de l'intérêt chez un autre. Certains enfants sont plus réactifs et plus sensibles à certaines informations sensorielles que d'autres, ce qui fait qu'ils sont plus facilement surpris ou apeurés. Parce que le monde est un nouvel endroit très étrange, de nombreux événements différents peuvent déclencher le signal de peur chez un enfant – une sensation effrayante (une première partie de balançoire ou une rencontre avec un gros chien), un bruit violent et soudain ou une lumière forte, par exemple. Ce sont des événements quotidiens qui peuvent surprendre et alarmer un enfant. Les masques ou les clowns font souvent peur aux très jeunes enfants. Cela est dû apparemment à la déformation du visage qui est, bien sûr, l'endroit principal pour envoyer les signaux émotionnels.

Un enfant peut développer une peur perpétuelle de quelque chose qui est apparemment insignifiant. Un gros chien arrive à toute allure ; votre enfant est effrayé et compte sur vous pour résoudre le problème. Mais vous ne remarquez pas les signaux qu'il vous envoie, ou vous savez de toute façon que le chien n'est pas méchant. Dans les deux cas, vous ne réalisez pas que votre enfant n'est pas sur la même longueur d'onde que vous. Vous lui dites alors : « Hé ! c'est un beau chien, dis-lui bonjour. » L'enfant est horrifié que vous puissiez le jeter sous la gueule béante de cette bête féroce. (Imaginez que vous soyez plus petit qu'un golden retriever !) Très vite, la peur s'empare de lui et vous voilà avec un enfant terrifié. Après deux ou trois rencontres de ce genre – ajoutées à votre manque de sensibilité au signal –, vous avez un enfant qui se sent de plus en plus vulnérable et livré à lui-même face aux chiens, mais peut-être également en règle générale. Ce genre de peurs peut faire partie intégrante de la personnalité de votre enfant si elles sont fréquentes et s'il n'a aucun moyen d'y échapper ni de les résoudre.

Les enfants peuvent exprimer de la peur pour une autre raison : ils se battent avec leur propre colère ou désarroi. S'ils n'arrivent pas très bien à contrôler ces sentiments, ils peuvent projeter leur colère sur le monde extérieur, imputant une menace ou un danger à toute une série d'événements. Cela peut conduire à un comportement frappé par la peur et à des cauchemars terrifiants pour les bébés et les jeunes enfants. Je me souviens du rêve que m'a raconté un jour une petite fille : ses peluches prenaient vie et sa préférée était coupée en deux. Elle était terrorisée, angoissée et a pleuré pendant des jours. La résolution du problème était complexe mais elle demandait en partie que les parents prennent conscience de ses expressions de colère et cessent d'être mal à l'aise face à elles. Leur réponse habituelle, quel que soit le moment où leur fille se mettait en colère, était de la réprimander sévèrement et de lui dire que les gentilles petites filles ne se comportent pas de cette façon. Mais dès qu'ils ont compris ce qu'ils faisaient et ont vu comment cela affectait leur enfant, ils ont pu lui permettre d'exprimer sa colère. En conséquence, l'enfant s'est sentie beaucoup plus à l'aise avec ses propres sentiments et les cauchemars terriblement effrayants se sont dissipés.

La peur, qu'elle se produise le jour ou la nuit pendant le sommeil, vaut la peine d'être l'objet de toutes les attentions. Elle peut être liée à des événements extérieurs terrifiants ou à des difficultés internes à gérer différents sentiments et tensions. Le désarroi et la colère sont souvent associés à la peur.

Quelquefois, la peur peut devenir préjudiciable à la suite d'expériences négatives profondément traumatisantes ou récurrentes. Pour les adultes comme pour les enfants, la peur chronique ou traumatisante empoisonne le corps et l'esprit. Chez un petit enfant, les dégâts potentiels sont énormes. Si un enfant est exposé à la violence ou à des mauvais traitements répétés, ou s'il est témoin de ces faits entre ses parents, par exemple, la peur qu'il ressent alors en réponse va rester coincée et va s'activer intensément, pouvant tôt ou tard augmenter le risque de troubles psychiques et de troubles du comportement.

Être attentif à la peur

La peur est un signal difficile à gérer correctement : elle est nécessaire et saine, mais potentiellement toxique. En tant que parent, on déteste la voir apparaître. Lorsqu'un bébé a peur, certains parents font simplement comme si de rien n'était et ils essaient de rejeter le signal aussi vite que possible en disant : « Oh ! ça ne fait pas peur ! » Mais, comme tous les autres signaux, la peur réclame son dû. Une fois encore, il ne faut pas oublier les règles de base, cela pourra vous aider : permettre l'expression de la peur, nommer le sentiment, et essayer de supprimer le facteur déclencheur. Reconnaître que son enfant a le droit d'avoir peur lui permet d'avoir en main tous les outils pour gérer la peur et de clarifier avec précision les perceptions de son monde intérieur et extérieur. Le moyen le plus facile est de nommer la peur pour l'enfant. Si vous êtes dans un ascenseur bondé et que votre enfant commence à être effrayé, dites : « Cet ascenseur est un peu angoissant, non ? Il y a trop de gens que tu ne connais pas ? Il bouge trop ? Nous allons bientôt descendre. » Mais n'imposez pas vos peurs à l'enfant. Si vous avez peur des ascenseurs – une pointe de claustrophobie, peut-être –, ne mettez pas cette idée dans la tête de l'enfant en lui faisant partager votre angoisse. Votre but est de répondre au signal de peur de l'enfant, et non de l'activer.

Dans les situations de tous les jours, lorsque votre enfant exprime de la peur, vous devez valider le sentiment en le reconnaissant et en le nommant pour lui. N'essayez pas de le supprimer ou de l'arrêter. Cela peut vous sembler étrange que votre petit ait peur des hommes chauves ou des personnes portant des lunettes, mais ça ne l'est pas. Rassurez-le, expliquez-lui la situation et, si possible, éloignez-le de la source qui l'effraie. Un enfant ne peut pas contrôler ses réactions ; il ne choisit pas d'avoir peur. En aucun cas cela reflète un caractère faible.

Mis à part la suppression du facteur déclencheur de la peur (par exemple, le chien effrayant), l'autre stratégie consiste à aider votre enfant à transformer la peur en intérêt. Dans l'exemple du chien, vous pouvez répondre en prenant votre enfant dans vos bras et en lui disant : « Je sais que ce chien paraît très effrayant et gros, mais maintenant que tu es dans mes bras, il ne peut rien te faire. Tiens, et si on le regardait ? Tu vois ses poils comme ils sont d'une jolie couleur marron ! Et sa queue, tu as vu comme elle frétille ? »

Il faut également éviter d'utiliser la honte pour contrer les peurs d'un enfant. Par exemple, on peut provoquer un sentiment de honte en disant des choses telles que : « Qu'est-ce qui te prend ? Tu n'as pas besoin d'avoir peur. Tu es une vraie poule mouillée. » Cette réaction apprendra à l'enfant à rejeter ses peurs, à devenir macho ou à être intimidé par les sentiments de peur. Élever un enfant avec la méthode « courage ! » ne fait pas des enfants plus forts. Au fil de mon expérience, j'ai élaboré une liste de réponses insensibles que les parents donnent aux enfants effrayés, souvent avec les meilleures intentions du monde : « Ça suffit comme ça ; calme-toi ; tais-toi ; arrête de pleurer ou je vais te donner une bonne raison de le faire ; je ne veux rien entendre de tes problèmes, j'ai assez des miens. » Ce genre de déclaration ébranle la confiance que l'enfant a en ses propres perceptions du monde, et lui font ressentir qu'il n'existe aucune protection ni sécurité possible. Dire à un jeune enfant qu'il « a tort » ou « est mauvais » ou « est bête » ou « fait le bébé », ou utiliser toute autre critique humiliante ne peut que l'embrouiller sur ses sentiments et lui faire croire qu'il a tort de les ressentir. Cela réduit à néant son sens naissant de l'identité et de l'amour-propre. Comme dans l'exemple du début du chapitre où j'emmène mon fils au feu d'artifice, il vaut mieux ne pas discuter la réponse d'un enfant, mais plutôt la comprendre, la nommer et agir rapidement pour apaiser la peur.

Une autre méthode importante pour minimiser la peur est de la retirer de votre « chapeau magique ». La peur n'est pas un très bon élément moteur. (« Mange ta soupe ou tu vas avoir une fessée. ») Elle conduit l'enfant à la terreur et à l'appréhension, restreint sa recherche de stimulus et donc compromet son apprentissage. L'enfant peut alors avoir peur des personnes et des expériences qu'il ne connaît pas et voir le monde comme un endroit apparemment sinistre. La peur peut également conduire au mensonge. Lorsqu'un enfant est angoissé ou effrayé de ce qui va arriver, il peut être amené à mentir pour éviter d'avoir à dire la vérité, dont les conséquences sont redoutées. La peur est une émotion forte qui, selon votre réponse, peut modeler de différentes façons la vie psychique de votre bébé.

L'une des situations les plus difficiles à gérer est quand votre enfant fait quelque chose de dangereux, comme sortir en courant dans la rue. De nombreux parents pensent qu'utiliser la peur pour être sûr que l'enfant ne le refasse pas est la seule solution efficace. Ils saisissent l'enfant, lui donnent peut-être même une fessée et lui disent : « Ne refais plus jamais ça ! Tu pourrais te faire tuer ! » Mais même dans ce genre de situation, il est plus efficace de donner une explication verbale ferme mais compatissante des règles de conduite et du danger plutôt que de frapper. Le grand problème du « danger étranger » est un autre domaine dans lequel l'emploi de la peur pour exiger un bon comportement peut avoir l'effet inverse. Alors qu'un enfant a besoin d'apprendre à évaluer le monde et d'être à l'écoute de situations et de personnes dangereuses, la condamnation générale de toute nouvelle situation est à la fois irréaliste et terrifiante, et limite la faculté d'un enfant à explorer et à apprendre.

FAIRE FACE AUX MAUVAIS TRAITEMENTS ET À LA VIOLENCE

Si vous ou votre enfant êtes victime de mauvais traitements ou de violence, ou si vous êtes témoin de ce genre de comportement sur une autre personne, il est capital de protéger votre enfant – et vous-même – et de vous soustraire tous les deux à ce climat de violence. Ce genre de situation est souvent très compliqué et il est toujours plus facile de le dire que de le faire. Mais il y a toujours une solution : un refuge, des amis, des parents, un foyer, un tour en bus hors de la ville. Ce qu'il faut bien comprendre, c'est que rester dans un environnement violent et traumatisant est très nuisible au bien-être de votre enfant. La violence et les mauvais traitements font payer à l'enfant un lourd tribut émotionnel.

D'un autre côté, si vous découvrez que vous êtes à l'origine des mauvais traitements ou de la violence, si vous ne pouvez contrôler votre humeur, demandez immédiatement de l'aide et emmenez votre enfant dans un endroit sûr où quelqu'un pourra prendre soin de lui jusqu'à ce que vous soyez capable de contrôler vos impulsions et de traiter votre enfant avec amour et compréhension. Cela ne veut pas dire que vous ne devez jamais vous mettre en colère contre votre enfant – les enfants sont extrêmement épuisants et provocants. Tous les parents se mettent en colère contre leurs enfants à un moment ou à un autre. Mais le danger et la menace de blesser physiquement un enfant doivent être écartés.

Frapper un enfant est une forme de terreur. Une fessée est un coup avec un nom fantaisiste. Si vous donnez une fessée à votre enfant, cela signifie que vous êtes à court de solutions pour régler le problème et que vous avez besoin d'étendre votre répertoire de réponses physiques et émotionnelles. Donner des fessées provoque l'effet inverse d'un élément moteur au bon comportement. Vous obtiendrez peut-être l'obéissance superficielle de votre enfant mais son monde intérieur sera rempli d'angoisse et de rage. J'ai rencontré un parent qui avait pour habitude d'utiliser sa ceinture pour discipliner son jeune enfant ; de ce fait, l'enfant devint presque muet, évitant toute expression d'émotions de peur d'être battu. Les conséquences furent désastreuses pour le sens naissant de son moi. De plus, la colère volcanique non exprimée que ressentait l'enfant n'était pas de très bon augure pour ses relations ou son psychisme d'adulte. Ce n'est que lorsque le père réalisa qu'il augmentait le risque de sérieux conflits avec son fils et qu'il apprit à devenir un parent plus compétent, que son fils et lui purent commencer à réparer leur relation et leur moi intérieur endommagés.

Les avantages de traiter la peur

Lorsque vous aidez votre enfant à gérer ses peurs et que vous supprimez la peur de votre panoplie de bons parents, votre enfant peut alors devenir un grand explorateur d'idées, d'endroits et de personnes. Les enfants débarrassés de toute peur inopportune sont beaucoup plus optimistes et plus gais ; ils ressentent le plaisir plus profondément et ont moins honte de leurs sentiments intérieurs. De plus, valider et gérer les peurs de votre enfant lui apprend à être judicieusement autoprotecteur et émotionnellement honnête.

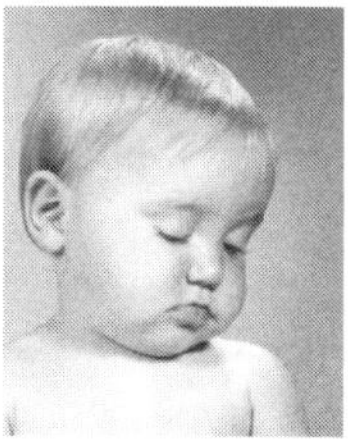

17

La honte

Un bébé signale la honte en baissant les yeux et en laissant tomber les épaules ; les muscles de son visage et de son cou s'affaissent. Il détourne le regard ou regarde en bas ; ses paupières tombent. Certains bébés rougissent même. Le sentiment de honte va crescendo de la honte légère à la profonde humiliation.

Un de mes tout premiers souvenirs remonte à l'époque où mes parents me rabaissaient, me ridiculisaient et me faisaient croire que j'étais terrible. Une de leurs expressions favorites était : « Tu fais moins le caïd, maintenant, hein ? » Ils la disaient à chaque fois que je faisais l'andouille, c'est-à-dire que je renversais de la nourriture ou que je laissais tomber quelque chose. Une autre était : « Dieu te regarde, alors tu ferais mieux de ne pas faire de bêtises. Même si je ne suis pas là, Dieu est là, lui, et il va te prendre ! » Je peux vous dire qu'à 4 ans, je passais mon temps à me demander pourquoi ils pensaient que ce que je faisais était mal. J'étais persuadé que mes parents avaient honte de moi. Aujourd'hui, ma mère serait choquée d'entendre ça. Elle n'a jamais pensé qu'elle faisait quelque chose qui pouvait me blesser ; mais elle fait partie de la vieille école et elle pense que les enfants ne doivent pas être « dorlotés », c'était le mot qu'elle utilisait. Elle pensait également qu'il fallait les voir mais ne pas les entendre. La culpabilité, la honte et le doute de soi-même sont les sentiments contre lesquels j'ai dû me battre toute ma vie. Avec mes enfants, je fais attention de ne pas les rabaisser ni de leur donner l'impression qu'ils sont mauvais parce qu'ils font des « trucs de gamins ». J'essaie plutôt de les soutenir et de les féliciter... Cette stratégie a fait des merveilles.

Matthieu, 33 ans, père de deux enfants de 2 et 4 ans

Pour un enfant, le monde est une immense aire de jeux faite pour la découverte et l'aventure. Pour les parents, c'est souvent un endroit où le désastre menace à chaque coin de rue ; l'expression de joie ou d'intérêt de leur enfant semble toujours annoncer une catastrophe – jet de nourriture, lait renversé, livres déchirés, vaisselle éparpillée. La combinaison d'une exubérance sans bornes et de l'impulsion compréhensible des parents à vouloir créer l'ordre est une formule potentielle pour la honte.

Intérêt et joie + ingérence et désapprobation = honte

La honte est un signal inné complexe. Ses origines et le moment de son apparition font l'objet de nombreux débats, et je ne vais pas régler ce problème ici. Ce que j'espère faire, c'est expliquer comment les enfants expriment la honte et comment elle s'associe à d'autres signaux pour vous aider à éviter les erreurs de communication qui peuvent être à l'origine des aspects nuisibles de la honte.

Techniquement, la honte fait partie des neuf signaux innés. Elle se caractérise par des épaules tombantes, les yeux baissés et le regard détourné. Elle est déclenchée par une ingérence dans les signaux positifs de l'intérêt et de la joie ou une inhibition de ces signaux. Elle implique une discordance entre les attentes de l'enfant et la réponse des parents. C'est comme si le bébé qui renverse volontairement son lait, disait : « Oh, Maman ! Regarde comme c'est super, le lait qui descend en cascade de la chaise haute vers le sol... et les plouf ! C'est génial ! » Et Maman répond : « Qu'est-ce que tu fais ? Arrête immédiatement. Ne le refais plus jamais. Quel désastre ! Et il va falloir encore que je nettoie ! »

Psychologiquement, la honte apparaît pour sous-tendre un sentiment d'infériorité, de culpabilité, de timidité et de découragement. Elle peut amenuiser l'intérêt, alimenter le désarroi et, à l'extrême, déclencher la colère. Le sentiment de ne pas être à la hauteur, ou d'infériorité, est souvent associé à la honte. Comme je l'ai mentionné, la honte, chez les enfants, est stimulée lorsque leurs expressions d'intérêt et de joie rencontrent la désapprobation ou l'incompréhension des parents. Étant donné qu'une grande partie du développement du sens positif du moi implique l'intérêt et la joie, un facteur déclencheur inapproprié et fréquent de la honte conduit alors à des problèmes d'amour-propre.

LES FACTEURS DÉCLENCHEURS LES PLUS COURANTS

Chaque fois que les impulsions naturelles et les intérêts d'un enfant se heurtent aux contraintes, aux règles ou aux attitudes du monde extérieur, la honte fait son apparition. Elle n'est pas nécessairement mauvaise. Comme l'a évoqué le psychanalyste Michael Basch, ressentir une honte modérée indique à un enfant (ou à un adulte) que certaines conduites sont inacceptables en société. La honte signifie : « Arrête-toi et pense à la situation présente et à ce que tu es en train de faire. » Toutefois, les enfants peuvent ressentir une honte excessive lorsque les parents imposent des limites à leur comportement. Cela arrive lorsque les parents expriment à tort leur objection au comportement de l'enfant en critiquant l'enfant lui-même et non son action peu convenable. En faisant ainsi, les parents créent chez cet enfant le sentiment qu'il est d'une certaine façon foncièrement mauvais, que son envie soudaine d'exprimer l'intérêt ou la joie est un défaut de caractère.

Un mauvais emploi de la honte peut être néfaste. Par exemple, si on provoque un sentiment de honte chez un enfant non pas en se focalisant sur un comportement inacceptable mais sur lui-même, ou si on utilise ce sentiment pour le faire changer de comportement, on risque d'endommager considérablement l'amour-propre de l'enfant. La bonne nouvelle, c'est que, dans la plupart des situations où le comportement de l'enfant est inacceptable, vous pouvez utiliser ses sentiments positifs d'intérêt et de joie pour communiquer votre souhait de changement de comportement : « Oh ! ça, c'est intéressant. Regarde tout ce lait renversé sur le sol. Ça fait un joli dessin. Mais je dois te dire que je ne suis pas ravie de ton comportement. Je t'aime beaucoup mais ce n'est pas la meilleure façon d'apprendre des choses sur le lait. Je vais te montrer comment il faut faire. Tu prends ta tasse avec tes deux mains et tu la portes à ta bouche pour que le lait ne se renverse pas. Voilà, c'est facile. Maintenant il faut tout nettoyer. Tu as vu comme l'essuie-tout absorbe tout ? » Néanmoins, même si vous êtes une experte en l'art de gérer les expressions de signaux de votre enfant, il peut quand même ressentir de la honte. Cela fait partie de l'être humain. La faculté de ressentir et d'exprimer la honte est une réponse innée à l'interruption de l'intérêt et de la joie. Prenons, comme exemple, les envies d'aller à la selle d'un bébé. Pour un enfant, une fois qu'il a conscience de ce qui lui arrive, aller à la selle est un acte merveilleux, qui n'est ni horrible ni embarrassant ; en fait, c'est quelque chose qu'il se délecte à faire. Mais l'acte de changer la couche sale, de jeter les excréments et de nettoyer les fesses du bébé, en faisant peut-être un commentaire sur l'odeur ou sur l'aspect de la couche, peut semer dans l'esprit d'un enfant les graines de la honte sur ses fonctions corporelles. Le processus qui vise à civiliser un bébé peut être considéré en partie comme un processus qui vise à inculquer des normes sociales pour la honte.

Dans notre société, nous portons des vêtements pour couvrir notre corps. Cet acte, si insolite pour un enfant, peut générer la honte. Dans les cultures où les gens ne portent que le strict minimum, la honte d'exposer son corps est minime.

Afin d'éviter de déclencher la honte, il faut instaurer des limites, enseigner les bonnes manières et inculquer le sens du bien et du mal sans étouffer l'intérêt ou la joie. C'est possible, mais cela signifie qu'il faut faire attention de bien séparer les instructions que l'on donne sur les actions souhaitables et les critiques de l'enfant lui-même. Par exemple, lorsque votre enfant enlève les livres de la bibliothèque et déchire les pages, il faut lui dire que les livres sont intéressants et lui en proposer un qu'il pourra regarder, tout en l'éloignant de la bibliothèque. Puis vous lui dites qu'il ne doit pas les déchirer, car ils sont faits pour être lus. Vous pouvez ensuite vous asseoir tous les deux et regarder son livre. Il apprend les limites sans qu'on lui dise que son intérêt pour les livres est mal.

Je connais une femme qui se souvient avec précision des conflits avec sa mère. « Chaque fois que je laissais tomber de la nourriture par terre, ma maman me disait : "Ramasse vite. Tu ne veux pas que les microbes viennent dessus !" Elle nous faisait ressentir que tous les microbes étaient dangereux, quels qu'ils soient et où qu'ils soient. Mais je restais assise à regarder la nourriture, en essayant de m'imaginer comment les microbes fonctionnaient. Je pensais que si la nourriture tombait sur les microbes, ils étaient déjà dessus et ça ne pouvait pas être pire ; alors pourquoi se dépêcher ? Mais si plus la nourriture restait sur le sol, plus elle se recouvrait de microbes, cela voulait dire que les microbes qui étaient plus loin captaient le message qu'il y avait de la nourriture et traversaient la cuisine pour arriver jusque-là. Je voulais voir ça. Alors je regardais fixement la nourriture en me demandant ce que pouvaient bien faire les microbes. Comme j'étais dans l'impossibilité de l'exprimer, ma mère avait l'impression que je faisais obstinément la sourde oreille et ça la rendait folle de rage. J'avais alors beaucoup de mal à comprendre ce qui était bien et ce qui ne l'était pas. Je ne l'ai jamais oublié et ça a changé mon opinion sur l'expérience du monde des enfants. J'essaie toujours d'expliquer le fonctionnement des choses et de dire à mes enfants pourquoi je leur demande de faire ceci ou cela. Il se passe beaucoup de choses dans ces petites têtes et ces pensées méritent le respect, même si elles sont aussi invisibles que ces maudits microbes dont ma mère parlait toujours. »

Une autre situation courante peut conduire à un sentiment de honte : un enfant laisse tomber de la nourriture partout sur le sol et observe d'un air ravi les dessins intéressants et les couleurs ondoyantes qu'elle forme. Les parents peuvent réagir négativement et dire : « Regarde ce que tu as fait, espèce d'empoté ! » ou « Tu n'es pas gentil, ne le refais plus jamais ! ». Dans cette situation, l'enfant est critiqué en même temps pour l'intérêt qu'il porte aux changements de couleur de la nourriture et pour sa nature profonde. Ce que les parents ne réalisent pas, c'est que tout le processus de jet de la nourriture représente quelque chose de merveilleux pour l'enfant. Il adore le bruit, la forme de la nourriture écrasée ou du liquide répandu sur le sol, les gouttelettes qui rebondissent alentour. « Je veux revoir ça ! » pense l'enfant en lançant un autre missile de nourriture sur le sol. Chaque nouvelle rencontre avec la nourriture ravit ses sens. Mais l'accident qui amusait l'enfant s'est transformé en acte volontaire et ses parents en ont assez. Il tend ses mains couvertes de nourriture et sourit avec jubilation. « Regarde le truc formidable que j'ai fait ! » Mais on ignore cette aventure merveilleuse et on se met vraiment en colère : « Tu devrais avoir honte. Il y a d'autres choses à faire que de jeter la nourriture comme ça. » À cet instant précis, un fossé énorme se creuse entre les attentes du bébé (tout le monde va aimer ça autant que moi) et la réaction des parents.

Cet événement plutôt quelconque – renverser de la nourriture – se transforme en leçon de dégoût de soi et d'embarras. Cela déclenche souvent le désarroi et la colère et peut se transformer en affrontement entre parents et enfant. Lorsque cela se produit, toute l'histoire prend des proportions énormes, finit par nuire à l'enfant et à donner aux parents un gigantesque mal de tête. Dans ce contexte, la honte est un puissant inhibiteur d'émotions positives et un stimulus d'émotions négatives.

De nombreux parents vont reconnaître ce scénario qui peut se produire lorsqu'ils présentent leur enfant à un étranger. Il implique non seulement les signaux de honte de l'enfant mais également les leurs. Comme l'a fait remarquer Tomkins, si un enfant est timide lorsqu'il est présenté à un étranger, les parents ressentent souvent eux-mêmes de la honte. Par exemple, si l'enfant se cache derrière sa mère ou s'accroche à ses jambes au lieu d'être mignon et sympathique, elle serait tentée de dire : « De quoi as-tu peur ? Ne sois pas si désagréable. » Et à son ami : « Il est habituellement très ouvert et sociable. Je ne sais pas ce qui lui prend. » Puis, après un moment, lorsque le sentiment de honte s'apaise, l'enfant fixe intensément son intérêt sur cette nouvelle personne et la dévisage très ouvertement. La mère est alors embarrassée que son enfant fixe son ami de cette façon. Elle est même honteuse que son enfant ne ressente aucune honte. « Qu'est-ce que tu cherches à faire, maintenant ? », se dit-elle avec impatience. Le petit ne sait maintenant plus quoi faire. Elle lui a sans cesse répété de se méfier des étrangers, et elle le critique quand il le fait. Et une fois qu'il se plie à son souhait de prêter attention à l'étranger, la mère lui fait honte parce qu'il s'y intéresse. Il ne fait décidément rien de bien.

Les parents et leur enfant passeront des moments beaucoup plus agréables s'ils comprennent ce qui suscite le désarroi chez leur enfant et ce qui suscite son intérêt. Ils peuvent peut-être alors éviter de jouer la carte de la honte dans ce genre de situation.

CANALISER LE COMPORTEMENT

Pour réduire le nombre de fois où votre enfant signale la honte, réfléchissez aux propositions suivantes.

N'utilisez pas la honte comme outil de discipline ou de punition. Et comme je l'explique plus en détail ci-après, lorsque vous avez un problème, votre but est de définir des limites au comportement et non d'attaquer le sens du moi du bébé. En d'autres termes, « Je t'aime beaucoup mais tu ne devrais pas grimper sur cette étagère » est une façon beaucoup plus productive d'établir des limites que de dire : « Tu es vraiment casse-pieds ! Pourquoi ne peux-tu t'empêcher de toucher à mes affaires ? »

Maximisez les éloges et minimisez les critiques. Les éloges favorisent beaucoup plus efficacement un bon comportement que les critiques n'arrêtent un mauvais comportement. Un enfant aime naturellement être bon. Pour un enfant, voir une lueur d'approbation dans les yeux de ses parents est comme une bouffée d'oxygène. Mais lorsque vous utilisez la honte, celle-ci entraîne immédiatement le désarroi, qui conduit facilement à une humeur maussade, à la colère, à la rage et à la dépression.

Concentrez-vous sur le méfait ou l'action et non sur l'intérêt ou le sens du moi du bébé : « Je t'aime mais je ne suis pas contente de ce comportement. » Vous aurez alors un enfant beaucoup plus heureux et une maison beaucoup plus paisible si vous vous fixez sur les attributs positifs de l'enfant et sur le moyen de ne pas commettre de nouveau l'erreur. Par exemple, vous pouvez apprendre à votre enfant à ne pas jouer avec la nourriture sans introduire la honte. « Oh ! C'est vraiment très joli, mais chéri c'est là pour que tu le manges. C'est fait pour aller dans ta bouche et non par terre. S'il te plaît, ne le fais pas. Voici encore un peu de lait, garde la tasse dans ta main ! Le lait n'est pas fait pour aller par terre ! Si tu veux jouer avec un liquide, nous pouvons aller dans la baignoire après le repas. » Puis vous pouvez doucement serrer la main du bébé autour de la tasse et l'aider à la porter à sa bouche. L'enfant n'apprendra pas immédiatement, mais c'est normal. Si vous terrorisez l'enfant ou si vous lui faites ressentir une grande honte, il se pliera immédiatement à vos souhaits mais le prix à payer est trop élevé pour un résultat aussi peu important. Les enfants et le désordre vont de pair, et lorsque vous réprimez sévèrement cette impulsion, vous risquez de restreindre les activités exploratrices d'apprentissage et de faire de votre bébé un enfant maussade et effrayé.

COMMENT LA HONTE A UN IMPACT SUR TOUS LES SENTIMENTS

La honte peut entraver de diverses autres façons le développement psychique d'un enfant. Par exemple, si vous réprimandez votre enfant en lui disant : « Sois fort. Ne montre pas tes émotions. Sois courageux. Encaisse sans broncher. Qu'est-ce qui te contrarie à ce point ? Ne fais pas ta poule mouillée », vous lui faites comprendre en termes on ne peut plus clairs qu'il devrait avoir honte d'exprimer ses signaux naturels. Vous lui demandez de dissimuler ses sentiments.

L'effet peut être dévastateur. Non seulement vous oubliez de valider les sentiments de votre enfant, mais vous risquez de lui faire ressentir qu'il n'est pas en phase avec vous, et cela peut ébranler considérablement son sens du moi et de l'amour-propre.

Dans ses écrits, Tomkins donne un exemple émouvant qui décrit comment la honte peut mettre sens dessus dessous tout le système de signaux. Robert, un jeune garçon, est sympathique bien qu'un peu timide. Dans son groupe de jeu, il est souvent victime d'intimidation. Mais ça ne le met pas en colère ; en fait, il est assez craintif. Pourtant, un jour où les enfants l'appellent « poule mouillée » parce qu'il ne veut pas se battre, il surmonte sa peur et saute sur la terreur du groupe. Le récit de ses frasques arrive aux oreilles de ses parents. Ils sont contrariés et lui disent : « Les petits garçons gentils ne se battent pas. Tu nous fais honte. Qu'est-ce qui t'a pris ? Tu es plus intelligent que ça ! »

Robert commence à pleurer de désarroi. Le sentiment de honte est devenu trop difficile à supporter. C'est alors que son père le dispute parce qu'il n'est qu'un pleurnicheur : « Pourquoi tu pleures comme un bébé ? Arrête. »

L'enfant s'arrête de pleurer et s'assied à table avec sa famille pour dîner. Le premier plat est une salade composée qu'il déteste. Il est dégoûté et fait des grimaces pour montrer à ses parents à quel point ce plat l'écœure. Cette attitude les contrarie et sa mère lui dit : « Ne refais plus jamais cette grimace à table. Est-ce que tu nous vois faire ça ? »

Robert baisse la tête en attendant le plat suivant qui est son préféré, du rosbif. Soudain, l'excitation de manger quelque chose qu'il adore le submerge et il prend, de l'autre côté de la table, un petit morceau de viande du plat. « J'adore le rosbif », dit-il.

Les narines de son père se dilatent et il dit : « Robert ! » avec autant de dégoût et de désapprobation qu'il peut. L'enfant baisse les yeux et repose le morceau de viande.

Finalement, après ce qui lui semble être une éternité, on lui sert sa viande. Son anticipation de la saveur exquise est pleinement satisfaite et il laisse échapper : « C'est super ! »

Cette fois-ci, sa mère se fait un devoir de rectifier ses manières. « Oh ! Robert, on dirait que cela fait une semaine que tu n'as pas mangé. » Les yeux de son père appuient le message. Robert étouffe son expression de plaisir et il baisse la tête, tout honteux. Peu de temps après, ses parents remarquent que leur fils est affalé sur sa chaise. Sa posture reflète sa totale capitulation devant son sentiment de honte.

« Robert, où sont tes bonnes manières ? demande sa mère. Ce n'est pas poli de s'asseoir de cette façon à table. » Il se redresse alors, soucieux de n'afficher aucune expression sur son visage pour ne pas trahir un sentiment qui déplairait à ses parents. Mais très vite ils lui disent : « Pourrais-tu être un peu plus attentif ? Dis quelque chose. »

C'est la goutte qui fait déborder le vase. On lui a appris que l'expression de presque tous les signaux constitue une raison d'avoir honte, et maintenant on lui dit que n'être pas assez expressif est également honteux. Chaque expression d'un signal a été condamnée et contrée. Sans la moindre intention de lui faire du mal, ses parents ont pavé la route au développement possible de toutes sortes de problèmes psychiques. Le résultat de ce genre d'attaque de ses sentiments peut conduire au désarroi, à la rage chronique et à une retenue de l'intérêt et de la joie.

N'oubliez pas, lorsque les enfants semblent mal se comporter, tout finit dans la joie si les parents trouvent le moyen de transformer un affrontement éventuel en une occasion de canaliser le comportement en intérêt et en joie. Par exemple, je connais un physicien de renommée mondiale dont la mère gérait les jets de nourriture en lui expliquant ce qui se passait : elle lui démontrait de quelle façon la trajectoire de la viande était le produit de certaines forces et de certains vecteurs. Ils parlaient même de la forme de l'éclaboussure. Il déclare que cela lui a appris à comprendre dès le plus jeune âge les causes et les effets et lui a permis de s'intéresser au pourquoi des choses. Peut-être que grâce à sa façon très intelligente d'interrompre son comportement problématique, sa maman a semé les graines de sa compétence dans le domaine de la physique.

Les avantages de modérer la honte

L'amour-propre grandit lorsque la honte et l'humiliation sont maintenues au minimum.

L'éloge, une réponse qui traduit le bien dans l'action, donne au bébé et au jeune enfant le sentiment que ses erreurs ne représentent pas l'ensemble de sa personnalité et qu'il peut encore explorer et apprendre.

L'intérêt et la joie sont encouragés.

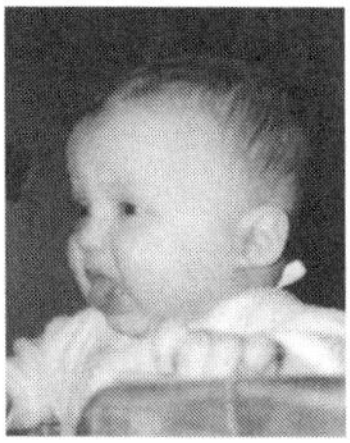 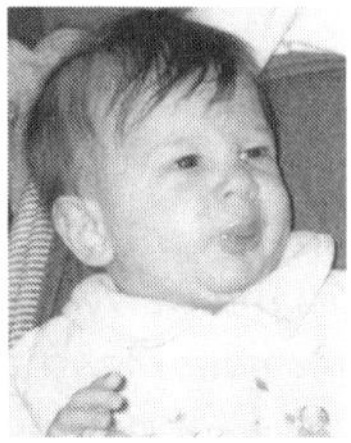

18

Le dégoût et la répulsion

Le dégoût est signalé par la lèvre inférieure et la langue baissées et en avant. Un bébé ou un enfant se défend généralement contre un mauvais goût en crachant ou en ayant des nausées et en vomissant. La répulsion aux mauvaises odeurs est signalée, quant à elle, par la lèvre supérieure soulevée et le nez retroussé. Un bébé ou un enfant se défend généralement contre les mauvaises odeurs en détournant la tête vers le haut et sur le côté et en faisant la grimace. Le dégoût et la répulsion vont crescendo des odeurs et des goûts légèrement mauvais aux franchement très désagréables.

Nathan a toujours mangé avec plaisir ; il n'a jamais été particulièrement difficile, et depuis que nous mangeons principalement des légumes à la maison, il s'y est habitué sans trop de problèmes. Mais il y a deux aliments qu'il déteste vraiment, ce sont le thon et la moutarde. J'essayais de lui faire goûter mon sandwich au thon ou mon hot-dog à la moutarde, mais ça le mettait si en colère contre moi que j'ai fini par abandonner. Maintenant qu'il sait à peu près parler, je suis contente de ne pas avoir trop insisté. L'autre jour, nous étions chez un ami et il a servi des sandwichs au thon ; Nathan s'est tourné vers moi et a dit : « Maman, cette odeur me donne envie de partir en courant. » J'ai ri et je lui ai répondu : « Non, c'est le thon qui va plutôt partir », mais j'ai pensé que ça devait vraiment être difficile pour un bébé d'avoir des opinions très précises et de ne pas pouvoir les dire à quelqu'un.

Laurence, 37 ans, mère de Nathan, 3 ans

Le dégoût et la répulsion à certaines odeurs sont des réactions innées de défense contre des expériences sensorielles désagréables. Vous avez très certainement vu ces signaux de nombreuses fois : le dégoût s'exprime lorsque votre bébé recrache lentement les petits pois écrasés que vous venez de lui donner ; la répulsion à une mauvaise odeur s'exprime lorsque votre bébé détourne la tête des épinards que vous venez de lui présenter.

L'expression de dégoût et de répulsion d'un enfant n'a peut-être pas beaucoup de sens pour vous – après tout, vous pensez que les petits pois sont très bons et vous adorez l'odeur des épinards –, mais vous devez vous rappeler que les réactions propres d'un enfant à l'odeur et au goût ne sont pas des expressions d'attitudes fantasques mais le résultat de signaux innés que l'enfant doit pouvoir exprimer.

De plus, les enfants n'aiment souvent pas les légumes car leur goût semble plus relevé et plus étrange pour eux que pour un adulte. Le penchant pour ou la tolérance de certaines odeurs et de certains goûts vient avec le temps ; vous ne pouvez faire avancer l'horloge biologique. Au fil du temps, les enfants exposés à différentes variétés d'aliments, présentées de façon positive, deviennent souvent des mangeurs aventureux. Les parents qui aiment les légumes sont plus susceptibles de communiquer un message positif sur leur goût que les parents qui les mangent sans grand enthousiasme. Vous pouvez essayer de réintroduire de nouvelles choses, mais sans que cela soit forcé. « Essaie encore une fois » est à peu près tout ce que vous devriez dire pour essayer de lui faire manger les aliments qu'il repousse. Pensez à vos propres réactions face aux goûts et aux odeurs. Pendant toute votre vie d'adulte, on a dû tenter de vous convaincre que les anchois sont délicieux, mais personne ne parviendra à vous persuader qu'ils sont autre chose que dégoûtants. Que vous soyez un adulte ou un enfant, le goût peut être développé et modifié, mais seulement si la personne le veut vraiment. À ce sujet, le livre du Dr Seuss *Green Eggs and Ham* traite de la transition de ne pas aimer (« Je n'aime pas les œufs crus et le jambon ») à essayer quand même et à aimer (« J'aime maintenant les œufs crus et le jambon »). Comme l'a fait remarquer le Dr Michael Basch, le thème sous-jacent du livre est le passage du signal de dégoût au signal d'intérêt. Inutile de préciser que ce changement est d'une grande importance, par exemple dans les domaines de l'apprentissage, des préjugés, du racisme, entre autres.

Gérer le dégoût et la répulsion

Comme avec les autres signaux, il faut valider l'expression de dégoût et de répulsion, permettre leur expression et aider votre enfant à apaiser la cause de cette aversion. Rejeter la réaction de votre bébé en disant : « Ne sois pas stupide, les bananes sont délicieuses » entraînera d'autres réactions négatives – comme le désarroi et la colère. Le fait de contredire ses réactions nie son sens de la réalité et lui dit qu'il ne peut vous faire part du « problème ». Son sens de la compétence s'en trouve donc ébranlé, et le terrain sur lequel il veut construire les fondements de prise de décision devient donc très instable. Il a besoin de pratique pour exercer son sens du goût pour lui permettre d'avoir la foi en ses propres jugements. Cela apprend à votre enfant à reconnaître ce qui l'intéresse et lui apporte de la joie, et à identifier ce qui le rend mal à l'aise. Ce n'est pas trop s'avancer que de dire que l'honnêteté et le caractère émotionnel se construisent grâce à la faculté qu'a votre bébé de savoir avec exactitude ce qu'il aime et ce qu'il n'aime pas. Alors, lorsqu'il y a différence d'opinions sur le goût, il est important de reconnaître et d'accepter la différence et le caractère unique de votre enfant. Vos goûts et vos réactions face aux odeurs sont peut-être différents de ceux de votre enfant, mais cela n'a pas plus de sens ni de signification que la différence de couleur de cheveux. D'une certaine façon, vous êtes et vous serez toujours différents l'un de l'autre.

LORSQUE LES SIGNAUX TOURNENT À LA MÉTAPHORE

Lorsque les adultes disent qu'« une situation pue » ou qu'une certaine interaction a laissé « un goût amer dans la bouche », ils utilisent les signaux de dégoût et de répulsion de manière symbolique. Cette traduction du goût et de l'odeur en expression psychologique d'une opinion se produit lentement. Tout d'abord, l'aversion pour des goûts et des odeurs déplaisants se limite à cette expression ; mais vers 18 mois, les enfants joignent au signal une opinion et développent un attachement psychologique à leurs sentiments de ce qui leur est déplaisant ou répugnant. Ce processus qui consiste à transformer un signal purement physique en une réponse émotionnelle est une part importante des facultés naissantes d'un enfant à l'autoréflexion, à la verbalisation et à la pensée symbolique. C'est pour cette raison qu'il est vital que vous continuiez à écouter et à prêter attention à ces signaux, à permettre leur expression, à valider les sentiments et à en discuter. Vous aidez ainsi votre enfant à bâtir les fondements de sa compréhension de ce qu'il aime et de ce qu'il n'aime pas, de ce qui l'intéresse et de ce qui ne l'intéresse pas. Si vous êtes à l'écoute des sentiments et si vous en discutez, vous améliorez un important processus de prise de décision, et vous aidez votre enfant à faire la part des choses entre ce qui est agréable et désagréable, non seulement en matière de nourriture et d'odeurs mais également en matière d'action et de comportement en société.

Chose intéressante, le dégoût et la répulsion peuvent plus tard se combiner avec d'autres sentiments pour créer des états psychologiques plus complexes. Par exemple, Tomkins a suggéré que la colère combinée à la répulsion pouvait produire du mépris.

La façon dont certaines personnes, par exemple, réagissent à l'odeur d'une couche est une réponse qui peut influencer la personnalité émergente d'un enfant. Si vous en faites tout un plat – « Oh mon Dieu ! Quelle odeur horrible ! » – ou si vous êtes dégoûté par les fonctions physiologiques naturelles de votre enfant, ce dernier pourrait ressentir du dégoût pour son corps et penser que ses parents le trouvent personnellement répugnant. Ce qui peut entraîner un certain désarroi, de la colère et de la honte avec des conséquences sur le développement de l'assurance de l'enfant. C'est pourquoi toute allusion au dégoût ou à la répulsion peut conduire à des problèmes complexes de goût et de dégoût, de contrôle, de limites et de séparation, de régulation de tension, et bien d'autres encore.

Mais même dans les simples domaines de dégoût et de répulsion par rapport à la nourriture, les parents peuvent avoir une grande influence sur les attitudes d'un enfant. S'ils provoquent des conflits avec leur enfant sur les signaux de dégoût et de répulsion, ou s'ils imposent leurs propres aversions à leur enfant, ils peuvent ouvrir la voie à de futurs problèmes, dont des difficultés de régulation de la tension, des troubles du comportement alimentaire, etc. La nourriture est une grande métaphore pour l'amour, le confort et le bon développement de l'être : les envies de toutes sortes peuvent être satisfaites par la nourriture. Lorsqu'un enfant doit se battre pour contrôler ses propres réactions face à la nourriture, la bataille doit être prudente si l'on veut éviter les problèmes à long terme. Ici encore, les bases du traitement des signaux s'appliquent à la façon de gérer le dégoût et la répulsion : permettre l'expression du signal, le valider et parler des sentiments, des avantages et des inconvénients des différentes options.

19

Au-delà des signaux : lorsque le langage apparaît et que les signaux deviennent des mots

Il est difficile de surestimer l'importance d'aider votre enfant à exprimer ses sentiments par des mots, c'est-à-dire à nommer les neuf signaux. Les enfants comprennent les mots et les idées bien avant de pouvoir les exprimer verbalement. C'est pourquoi ce que vous dites à un enfant ou aux personnes qui se trouvent à proximité peut avoir des conséquences considérables : utilisation de mots intéressants, description patiente de ce qui se passe, absence de discours cruel ou menaçant, tous ces ingrédients sont vitaux pour apprendre à l'enfant à utiliser judicieusement et efficacement des mots pour exprimer ses émotions et ses idées. Ce que les enfants entendent devient le fondement de ce qu'ils disent et de leur aisance à manier les mots. Mais il faut un certain temps pour savoir maîtriser le langage. Au début, ils les utilisent de manière plutôt schématique. « Chat » peut être employé pour identifier tous les animaux, allant du chien à l'éléphant ; des expressions de deux mots comme « Pas faire ! » peuvent servir à exprimer des pensées beaucoup plus douces comme « S'il te plaît, ne me fais pas manger ces petits pois ». En fait, pour un enfant, un non ou un ordre est souvent le chemin le plus court pour parvenir à l'expression, et ces expressions peuvent sembler très acariâtres et difficiles à gérer pour un parent. Vous trouverez peut-être qu'il est plus facile de gérer la transition vers la communication verbale avec votre enfant en comprenant un peu mieux comment le discours arrive, comment les enfants l'utilisent et comment il est lié aux neuf signaux.

COMMENT LES MOTS AIDENT ET FREINENT À LA FOIS

Lorsqu'un enfant commence à employer des mots, il vous fournit finalement de nombreuses informations utiles. Enfin, il peut décrire ses sentiments de désarroi et d'intérêt plus clairement. Les mots augmentent sa faculté à faire face aux sentiments et à réguler la tension. (C'est pourquoi j'ai tellement insisté sur l'importance de nommer les signaux).

Afin de comprendre parfaitement les sentiments de votre enfant exprimés par des mots, il est utile de traduire ce nouveau vocabulaire en signaux et en sentiments, comme vous traduisiez les précédents gestes et expressions non verbaux en signaux et en sentiments. Lorsque vous écoutez les mots de votre enfant, demandez-vous : quels sont les signaux et les sentiments qui se cachent derrière ? Le désarroi ? La colère ? La peur ? L'intérêt ? La joie ? Ce n'est pas toujours facile, toutefois. De nombreuses relations parents-enfant rencontrent des problèmes une fois que l'enfant commence à parler. Les parents quelquefois oublient que leur enfant exprime toujours les neuf signaux de base. Mais maintenant, au lieu d'utiliser son visage, son corps et des vocalisations non verbales, il se sert de mots. Et les mots peuvent avoir une signification différente pour les adultes et pour les enfants – ces derniers peuvent également déformer, nommer de façon inexacte et tromper. Le résultat est alors une confusion compréhensible. Pour les adultes, les mots ont des significations qui se sont accumulées pendant toute une vie d'expériences et de sentiments. C'est une des raisons pour lesquelles ils essaient parfois automatiquement de se défendre face aux mots apparemment critiques ou durs de leur enfant, au lieu de rechercher l'intention ou la signification sous-jacente, comme ils essayaient de le faire avec les expressions préverbales des signaux.

Quelquefois, les parents sont sur la défensive et prennent pour eux les déclarations négatives de leur enfant. C'est très déroutant pour l'enfant qui ne sait pas qu'il vous blesse (jusqu'à ce que vos réactions répétées fassent passer le message). Il est fréquent que les parents soient contrariés parce qu'ils pensent qu'un enfant qui fait entendre son désarroi ou sa colère « pleurniche » ou « fait l'enfant gâté » ou leur « manque de respect ».

Non seulement c'est une mauvaise interprétation de ce qui se passe dans l'esprit de l'enfant, mais en critiquant l'expression de désarroi, l'enfant se sent encore plus incompris et augmente l'intensité de sa colère. C'est ce que l'on appelle le « double coup de malchance ». En répétant sans cesse à un enfant que ses expressions verbales des signaux de détresse sont une démonstration de son mauvais caractère (« Arrête de te plaindre ! »), les parents inhibent l'expression des émotions de l'enfant. Comme je l'ai déjà dit, cela peut faire douter l'enfant de sa faculté à percevoir correctement ce qui se passe autour de lui et à réagir de façon appropriée. Lorsque les enfants sont sans cesse défiés et critiqués sur leur manière de s'exprimer, ils sont bouleversés, furieux et commencent à se replier sur eux-mêmes.

Il est naturel et émotionnellement sain pour un enfant d'exprimer des signaux positifs mais aussi négatifs – au sujet de ses parents, de ses jouets, et autres. C'est ce que l'on appelle l'ambivalence.

Lorsqu'un enfant dit que vous êtes les pires parents au monde, il exprime le côté négatif de l'ambivalence. Ce qu'il veut dire, c'est : « Je me sens ignoré, incompris, marginalisé, contrarié ou troublé par un fait qui s'est passé et j'ai besoin de votre aide pour me sentir mieux. » Le côté positif de l'ambivalence – affection, intérêt, joie – n'est pas très loin.

Lorsqu'un enfant utilise des mots comme « déteste » ou « non », ou des phrases comme « aime pas » ou « pas faire », c'est simplement une façon de transmettre l'un des signaux négatifs tels que la colère, le désarroi ou le dégoût. Et lorsqu'un des parents répond avec des mots comme « pleurnicher », « se plaindre » ou « manque de respect », il dit qu'il n'aime pas la manière dont l'enfant exprime les signaux négatifs.

Au beau milieu de ce genre de « conversation », essayez de vous rappeler qu'il s'agit d'un processus de signalisation : l'enfant essaie de communiquer quelque chose à propos de ses sentiments intimes. Les conseils clés sont donc : permettre et même encourager l'expression de tous les signaux, maximiser les positifs, et traiter les facteurs déclencheurs des négatifs.

ENCORE PLUS DE DÉFIS ET D'OCCASIONS

« Les gros mots ». Imaginons que votre enfant – de 3, 5 ou 7 ans –, qui ne cesse d'enrichir son vocabulaire, s'écrie tout à coup « Merde ! » en essayant désespérément d'ouvrir une boîte de céréales. Plutôt que de bondir automatiquement en disant quelque chose de restrictif comme : « C'est un gros mot – ces mots-là sont interdits dans cette maison », pourquoi ne pas saisir l'occasion de glaner plus d'informations sur ce que ressent votre enfant et de lui expliquer vraiment ce que vous pensez de l'utilisation des jurons ? Vous pouvez lui dire : « C'est intéressant. Où as-tu entendu ce mot ? À l'école ? De Papa ? De Maman ? » Vous pouvez également lui demander s'il sait ce que la phrase et les mots veulent dire, puis continuer l'échange en lui disant ce que vous pensez de l'utilisation de ce genre de mots à la maison ou en public, et sur ce comportement qui contrarie les autres personnes. Gardez un dictionnaire à portée de main et utilisez-le fréquemment avec votre enfant pour regarder les définitions des mots qui s'échappent de la bouche des gens. Ce genre de discussion et d'explication transmet beaucoup d'informations, instaure un dialogue entre vous deux et retire de la situation toute charge négative. En même temps, en encourageant une conversation sur l'incident qui a provoqué ce cri de détresse, vous pouvez deviner le facteur déclencheur, découvrir le problème qui en est à l'origine et aider votre enfant à résoudre le dilemme.

Aider votre enfant à se sentir mieux lorsqu'il est en proie à la frustration et à la contrariété ne signifie pas qu'il faut automatiquement céder à ses exigences ou lui permettre d'agir à sa convenance. En identifiant la cause de cette contrariété, en permettant à l'enfant d'exprimer son désarroi et en traitant le facteur déclencheur, vous mettrez un terme à l'incident et aiderez l'enfant à apprendre qu'il peut compter sur votre aide et sur votre protection. Avec le temps, si vous ne cessez de vous intéresser à la cause de cette vocalisation agressive, au lieu d'essayer de la supprimer ou de l'étouffer, votre enfant apprendra à modérer sa façon de réagir et de parler.

Le but des parents est de faire de la maison un endroit où l'on peut exprimer verbalement ses émotions, qu'elles soient positives ou négatives. Si vous laissez vos enfants dire à la maison ce qu'ils ressentent et comment ils le ressentent, même lorsqu'ils sont en colère contre vous ou vous critiquent, et qu'ensuite vous les aidez à trouver le moyen de transformer ces sentiments en affirmations modérées, ils commenceront à mieux se comprendre et à avoir une véritable assurance. Puis, lorsqu'ils se trouveront dans une situation défavorable à l'extérieur de la maison, ils seront plus à même de contrôler et de modérer leurs réponses, d'intérioriser leur colère ou de l'exprimer judicieusement.

Pourquoi ? Pourquoi ? Pourquoi ? Une autre conséquence, courante et parfois agaçante, de l'apprentissage du langage est la demande incessante du pourquoi – pourquoi est-ce l'heure du dîner ? Pourquoi est-ce mal de sortir en courant dans la rue ? Pourquoi est-ce qu'il faut répondre au téléphone ? Pourquoi le ciel est bleu ? Pourquoi vas-tu travailler ? Pourquoi ? Pourquoi ? Pourquoi ? Bien que parfois il s'agisse d'un peu plus que d'une demande continuelle d'attention, en vérité, cette impulsion de poser des questions sur tout est le témoignage de l'incroyable importance du signal d'intérêt et son rôle dans la croissance intellectuelle et psychique d'un jeune esprit. Le cerveau est en constante recherche de stimulation ; c'est essentiel pour son bon développement.

Alors plutôt que d'éluder la question avec un simple et concis « Parce que c'est comme ça » ou « Arrête de poser autant de questions », prenez le temps de réfléchir à cette merveilleuse soif d'informations intéressantes et de stimulation qu'a votre enfant. C'est quelque chose qui doit être encouragé, et la récompense est énorme : vous alimentez l'ouverture d'esprit de votre enfant sur l'exploration, l'apprentissage et l'évaluation du monde. La prochaine fois que votre petit explorateur vous bombarde de questions, essayez de lui répondre : « C'est une super-question » ou « Je suis sûre que je connais la réponse à ça... nous y réfléchirons lorsque nous serons rentrés à la maison ». Utilisez très tôt et souvent les dictionnaires et les cartes. Ce genre de réponses indique à votre enfant que vous pensez que les questions sont importantes et qu'il est intéressant d'y réfléchir. Elles l'aident à développer un penchant pour l'apprentissage, la réunion et l'échange d'informations.

« La ferme ! » Que se passe-t-il lorsque votre enfant vous dit pour la première fois : « La ferme ! » ? La réponse instinctive qui vient à l'esprit est : « Ne me parle pas comme ça. Nous n'utilisons pas cette expression dans cette maison. » Mais revenons en arrière et découvrons ce qui se passe vraiment, quels sentiments sont véhiculés. Lorsqu'un jeune enfant dit cela, il vous dit qu'il est contrarié et probablement en colère. Pourquoi éprouve-t-il ces sentiments ? Probablement parce que ce qu'on est en train de lui dire, la nouvelle stimulation, est quelque peu blessante, accablante et « de trop ». Que l'enfant ait été critiqué, prié de ranger sa chambre, ou qu'il se soit chamaillé avec ses frères et sœurs, il est contrarié et furieux. Il veut refouler les mots et répondre désagréablement pour vous faire ressentir ce qu'il ressent, lui. Malheureusement, avec un « Ne dis pas ça » en réponse à « La ferme », l'échange d'informations est minime et le processus qui pouvait s'avérer bénéfique est bloqué.

Ainsi, lorsque l'enfant dit : « La ferme ! », les sentiments sont exprimés – bien que ce soit d'une façon que les parents n'approuvent pas. Toutefois, la Clé n° 1 (voir chapitre 3) traite de l'importance d'encourager tous les signaux et les sentiments. En fait, lorsque les parents disent « Ne dis pas ça » en réponse à « La ferme », ils touchent tout simplement un point sensible de leur enfance, en ne faisant que répéter ce qu'on leur disait quand ils étaient enfants. Comment mieux gérer une telle situation ?

Ce genre de situation propose une merveilleuse occasion d'apprendre, pour vous et pour votre enfant. Vous pouvez commencer un processus important, un échange d'informations. Vous avez la possibilité d'apprendre ce que votre enfant ressent et ce qui le fait réagir, pendant que lui apprend comment traduire ses sentiments en mots et exprimer sa réponse au désarroi d'une façon plus acceptable.

Par exemple, lorsque votre enfant dit : « Oh ! la ferme », contrôlez-vous et dites quelque chose comme : « On dirait que tu es très contrarié et très en colère. Mais "La ferme" ne m'aide pas à comprendre le problème. Parlons-en. » Puis – ou plus tard si tout le monde a besoin d'un peu de temps pour se calmer – vous pouvez commencer à parler de ce que ressent votre enfant. Vous pouvez même émettre une suggestion : « Voyons si l'on peut trouver d'autres mots. Je sais que l'on peut parvenir à une meilleure façon de répondre pour expliquer ce qui se passe. » Lorsque les choses se sont calmées, vous pouvez parler des problèmes qui peuvent survenir lorsque « La ferme ! » est exprimé à l'extérieur mais également à l'intérieur de la maison. Alors, la prochaine fois que votre enfant vous dit « La ferme » : pourquoi ne pas lui répondre : « Et si on en parlait » ?

Le problème majeur est d'utiliser cette expression de sentiment pour commencer une discussion, un processus d'apprentissage – vous de lui et lui de vous. Vous lui faites comprendre que vous êtes prête à discuter de tous les sujets, même des plus « difficiles ».

« Occupe-toi de tes affaires ! » Combien d'entre nous ont souvent entendu – et utilisé – cette expression ? Quelquefois, il est nécessaire de rappeler à vos petits qu'il existe des limites, qu'ils ne doivent pas toucher ce qui ne leur appartient pas, surtout lorsque les frères et sœurs se chamaillent.

Toutefois, les parents laissent souvent échapper un « Occupe-toi de tes affaires » devant la curiosité saine de leur enfant. Le scénario ressemble à ce qui suit. Le signal d'intérêt de l'enfant a été déclenché ; il pose une question ; le parent, peut-être un peu pris au dépourvu par la question, embarrassé ou sur la défensive, riposte en disant : « Occupe-toi de tes affaires ! » En d'autres termes, le parent dit : « Je ne veux pas parler de ça avec toi » ou « Tu ne devrais pas être aussi curieux » ou encore « Je n'aime pas l'intérêt que tu portes à ce sujet ».

Et que se passe-t-il lorsque l'on dérange l'intérêt et la curiosité de l'enfant ? Un sentiment de honte et une baisse de l'amour-propre. De plus, une occasion d'apprendre est perdue. L'enfant utilise des mots pour exprimer un intérêt pour quelque chose, ouvrant la possibilité d'un échange d'informations et d'un apprentissage.

Récemment, des amis ont gentiment illustré le problème. Le père, un cadre très compétent chargé des finances d'une grande société, parlait avec sa fille de 11 ans. La discussion s'est orientée vers les finances de la famille, et la fille a commencé à poser des questions sur la somme d'argent que gagnait son père et sur la situation financière de la famille. « Occupe-toi de tes affaires », finit par dire son père qui ne voulait pas en parler davantage. Quelle occasion manquée ! Le père avait là une chance inouïe de commencer à partager des informations avec elle en lui apprenant ce qu'était l'argent, comment en gagner, les investissements, comment considérer l'argent, etc. Et quel professeur pouvait être le père ! – il connaissait un maximum de choses sur l'argent et avait un savoir très important à transmettre. Certaines personnes s'intéressent beaucoup à la vie privée de la famille dans ce genre de contexte, mais généralement les enfants respectent le souhait des parents pour que certains sujets ne soient pas abordés en dehors de la maison. La curiosité des enfants – l'intérêt – sur les questions financières et sur les fonctions du corps suscitent souvent l'angoisse des parents. Mais il n'est pratiquement jamais trop tôt pour commencer à partager des informations et à aider votre enfant à faire son apprentissage, étant donné que le début du vrai langage le conduira inévitablement à poser ce genre de questions. La compréhension du signal d'intérêt fera accroître le processus d'apprentissage de votre enfant et vous conduira à repenser l'expression « Occupe-toi de tes affaires ».

COMPRENDRE LE MESSAGE QUI SE CACHE DERRIÈRE LES MOTS DE VOTRE ENFANT

Je n'ai jamais laissé mon petit garçon s'asseoir sur le siège avant de la voiture, même pour cinq cents mètres, à cause des Airbag. Cela le rendait furieux quelquefois et il me disait : « Oh, Papa, tu es un méchant ! » Je lui répondais : « Je t'aime énormément et je ne veux pas que tu sois blessé. Si un animal traverse la route ou s'il y a un accident, l'Airbag peut te faire très mal. Nous ne voulons pas que ça arrive. Je veux que tu t'assoies sur le siège arrière parce que je t'aime et que je prends soin de toi. » Ça ne l'empêchait pas de vouloir s'asseoir sur le siège avant, mais ça lui donnait une explication qui le calmait un peu. J'essayais également de lui parler de son message sous-jacent qui était : « Tu penses que je ne suis pas suffisamment grand pour pouvoir m'asseoir sur le siège avant. » Je réglais le problème en lui disant : « Un jour, tu seras plus fort et plus grand que moi. Tu as déjà grandi de bien des façons, et tu auras le reste de ta vie pour t'asseoir devant. » Il savait ainsi que je comprenais sa frustration et son impatience, mais également qu'un jour il serait suffisamment grand pour faire ce qu'il veut.

Les parents devraient réfléchir plus souvent à ce que ressent un enfant qui vient juste d'acquérir le pouvoir de la parole et de la liberté de mouvement. Les enfants savent très bien qu'ils sont petits et qu'ils n'ont aucun contrôle sur le monde qui les entoure. Naturellement, jusqu'à ce qu'ils soient grands, ils devront se plier à cette réalité. En tant que parents, nous voulons qu'ils essaient d'être encore plus grands et plus indépendants. En fait, nous leur envoyons de nombreux messages qui les poussent à se comporter comme des adultes. Mais ils ne peuvent pas toujours gérer cette pression et nous les empêchons souvent de faire ce que font les adultes pour leur propre sécurité. De leur plus jeune âge jusqu'à l'adolescence, les enfants sont pris dans cette impasse. Les parents doivent en être conscients et doivent être sensibles à la frustration que cela provoque.

COMMENT AIDER VOTRE ENFANT À DEVENIR UN FERVENT UTILISATEUR DE MOTS

Il n'est jamais trop tôt pour présenter le langage à votre bébé. Dès le départ, écoutez-le et parlez-lui dès que l'occasion se présente – pendant son repas, pendant que vous lui changez sa couche ou lui donnez le bain. Chantez-lui des chansons, faites des sons amusants et parlez intelligiblement en utilisant des mots d'adulte. Lorsqu'il produit des sons, parlez-lui de ce que vous pensez comprendre. Pendant cette période, les sons seront principalement des roucoulements, des petits cris d'agitation et des pleurs.

Au cours des premiers mois de la vie de votre bébé, vous avez la possibilité de l'initier à l'émerveillement des sons et des mots. Dès le départ, votre bébé va exprimer des signaux en utilisant les expressions du visage et les sons : différents cris pour exprimer la faim, la colère et la douleur ; des sons joyeux de gazouillis, de roucoulements et de babillements pour exprimer le plaisir.

À ce moment-là, le principal centre d'intérêt du bébé est son corps. Il examine ses orteils et ses doigts pendant des heures. Par exemple, profitez de sa fascination pour son corps pour nommer ses doigts, ses pieds, ses genoux, en les touchant doucement. Jouez également avec ses signaux vocaux et imitez les sons qu'il produit ; chantez-lui des berceuses ; jouez avec lui en utilisant des jouets qui produisent des sons intéressants comme un hochet ; écoutez votre bébé et parlez-lui.

Lorsque l'enfant grandit, vous avez plus d'occasions de jouer ensemble et d'interagir. Commencez à jouer à faire « coucou » et à taper des mains. N'hésitez pas à utiliser des mots et des actions pour interagir avec votre enfant. Vous pouvez également essayer d'établir un dialogue : tendez un objet à votre bébé, nommez-le et demandez-lui de vous le rendre. À ce moment précis, les sons de votre enfant seront principalement des babillages, avec des sons de consonnes et de voyelles.

Bien avant de savoir parler, votre bébé comprend ce que vous lui dites. Vous pouvez lui parler de différents sujets et idées – ne vous retenez pas, pensant qu'il est trop petit. Posez-lui des questions, expliquez-lui comment les choses fonctionnent, racontez-lui ce qui est arrivé hier ou ce que vous prévoyez pour demain. Décrivez en détail ce que vous voyez. Et laissez à votre enfant une chance de vous « parler » aussi. Écoutez-le et dites-lui que ce qu'il dit est important. Il faut de la patience et de l'imagination pour comprendre le vocabulaire d'un tout-petit, mais il est essentiel que vous l'encouragiez à parler aussi souvent que possible.

Lire et relire à un enfant ses livres préférés peut être ennuyeux pour un adulte, mais pour un enfant, c'est vraiment merveilleux ; ça lui apprend à utiliser les mots et, plus tard, à lire. C'est également le bon moment pour enseigner à votre enfant le concept de donner et de recevoir – vous partagez des idées, des mots lorsque vous jouez ensemble et que vous avez un vrai dialogue.

Le discours arrive généralement autour de 15 à 18 mois, en fonction du développement de l'enfant – il peut venir plus tôt ou plus tard. Alors que le langage s'épanouit, il est très enrichissant de lire et de raconter des histoires à votre bébé – montrer les images et donner vie aux mots avec des expressions particulières du visage et des sons exagérés. Encouragez votre enfant à employer un mélange de son langage enfantin et de son nouveau langage naissant pour communiquer avec vous. Répondez au bavardage du bébé en mimant les sons puis en élargissant jusqu'à leur signification, en utilisant le langage pour identifier les mots exacts des objets et des actions. La communication devient alors un mélange de gestes, de sons et de mots qui sont tous utilisés pour exprimer les neuf signaux d'intérêt, de joie, de surprise, de désarroi, de colère, de peur, de honte, de dégoût et de répulsion. Votre bébé commencera par faire des sons de deux syllabes, comme « dada » et « mama », et à répondre à de simples instructions.

En mûrissant, les enfants élargissent leur perception du temps et de l'espace. Entre 1 et 3 ans, vous pouvez parler à un enfant d'événements qui se sont déroulés dans le passé ou qui vont se produire dans le futur. Choisissez un jour et parlez avec votre enfant de ce qui est arrivé ce jour-là. Non seulement cela aidera votre enfant à élargir son vocabulaire, mais cela lui donnera également l'occasion de communiquer ses sentiments sur son moment passé à l'aire de jeux ou à l'épicerie. Vous apprendrez beaucoup de choses sur sa façon d'observer le monde si vous lui posez des questions et si vous écoutez ses réponses.

QUAND LES ACTIONS PARLENT

Au fur et à mesure que votre enfant devient plus indépendant et plus mobile, il commencera à utiliser des actions manifestes mais également des mots pour exprimer ses émotions. Cette nouvelle aptitude à exprimer les sentiments par des actions et des mots rend les signaux de détresse (désarroi, colère, peur, honte, dégoût et répulsion) plus agressifs et plus provocateurs. Frapper, cracher, donner des coups de pied et même mordre sont des actions qui peuvent vous prendre par surprise et vous alarmer. Elles doivent être contenues et arrêtées, mais en même temps il est important d'identifier et de nommer les signaux que ces actions expriment. Le défi est de ne pas oublier de répondre à ces signaux comme vous l'avez fait précédemment – en permettant l'expression de l'émotion et en agissant vite pour supprimer la cause de cette détresse tout en proposant d'autres possibilités d'exprimer les sentiments.

Vous pouvez profiter de ces périodes d'actions négatives pour enseigner à votre enfant les mots qui peuvent être utilisés pour remplacer l'action physique. Au lieu de dire simplement : « Ne fais pas ça », dites plutôt : « Tu sembles être en colère contre moi. Est-ce que c'est parce que je t'ai dit que tu ne pouvais pas manger de gâteaux avant le dîner ? » Mettre des mots sur les actions et les sentiments aide votre enfant à se diriger vers une façon plus mature de gérer les émotions.

Autre chose : vous avez peut-être envie de demander à votre enfant : « Pourquoi as-tu fait ça ? » Parfois, la question peut être le point de départ d'un dialogue utile, mais souvent elle ne mène pas très loin. La plupart du temps, les enfants ne peuvent pas vous dire pourquoi ils ont agi de cette façon car ils n'ont pas suffisamment de conscience d'eux-mêmes pour répondre à cette question. Vous pouvez donc lui suggérer gentiment un ou deux motifs et l'aider à faire le lien entre le sentiment et les mots qu'il pourrait utiliser pour expliquer son action.

20

Réflexions sur la discipline et les limites

Dans un certain sens, la plus grande partie de ce livre traite de problèmes de discipline, de fixation de limites et d'une structure à apporter. Et – ce qui n'est pas surprenant dans ce contexte – je pense que vous pourrez gérer les problèmes de discipline relativement bien si vous comprenez et répondez aux signaux comme je l'ai exposé dans les différents chapitres de ce livre : maximiser les signaux de plaisir, être à l'écoute des signaux de détresse et permettre l'expression légitime de tous les signaux.

Mais de nombreux parents se posent beaucoup de questions sur la discipline : qu'est-ce qu'une bonne discipline, comment et quand l'utiliser pour bien élever un enfant ? Ils pensent même parfois que la punition est le seul moyen d'enseigner à un enfant les choses importantes de la vie. Ils pensent également souvent que toute cette attention apportée aux signaux de l'enfant, l'encouragement et la validation de leur expression font quelque part de cet enfant un enfant gâté. Je n'insisterai jamais assez sur le fait que la discipline implique un processus – un processus permanent de régulation de tension et d'apprentissage – plutôt que quelque chose que l'on inflige à l'enfant. Ce processus implique qu'il faut se concentrer non seulement sur le comportement mais également sur le monde intérieur des sentiments. Le comportement est conditionné par les sentiments.

Le meilleur moyen d'enseigner l'autodiscipline et la

conscience des limites passe par la compréhension, l'interaction et l'exemple, et non par la punition. Vos croyances concernant les critères de conduite doivent se refléter dans votre propre conduite et sur la façon dont vous traitez votre enfant. La gentillesse, la patience, la générosité, les éloges, la politesse (oui, les parents doivent aussi dire « s'il te plaît » et « merci »), savoir reconnaître ses erreurs, savoir s'excuser quand c'est nécessaire, écouter, accepter la responsabilité et remettre à plus tard la satisfaction – voici quelques-unes des qualités les plus importantes qui conduisent à créer une personne disciplinée. Si vous faites preuve de ces qualités-là, votre enfant vous imitera et apprendra à se comporter comme vous.

Cela semble être une définition de la discipline légèrement « différente » de celle que vous pouvez imaginer. Vous pensez certainement que la discipline consiste à mettre en place des règles et à punir l'enfant lorsqu'il ne les respecte pas. Mais crier après votre enfant lorsqu'il fait une scène au restaurant, pleure quand il est fatigué ou refuse de partager ses jouets avec un autre enfant ne le conduira pas à la discipline, et encore moins la punition physique. La meilleure discipline se fait lorsque vous et votre enfant apprenez à connaître son monde intérieur de sentiments et de régulation de la tension et lorsque vous l'aidez à mieux agir et se comporter en société.

POURQUOI FRAPPER UN ENFANT N'EST PAS LA BONNE SOLUTION

« Donner une fessée » n'est qu'un euphémisme pour « frapper ». Quel que soit l'endroit où l'enfant est frappé, le geste est là. Si frapper un enfant n'est pas mal, alors rien n'est mal. Écouter votre enfant et lui parler, utiliser les mots plutôt que l'action et comprendre les sentiments qui se cachent derrière l'action : cette stratégie est beaucoup plus efficace que l'action de frapper pour faire de votre enfant un adulte heureux, capable et responsable.

Les parents qui frappent (donnent une fessée à) leur enfant

sont à cours de solutions et sont dans l'impossibilité de communiquer en utilisant des mots et des exemples. Ils font eux-mêmes preuve d'indiscipline et enseignent à leurs enfants qu'il n'existe aucun moyen valable de gérer les émotions intenses. Un foyer où la maltraitance physique et verbale est employée pour améliorer le comportement ne peut avoir que des conséquences négatives sur un enfant. Il peut devenir craintif, se replier sur lui-même et manquer de confiance en lui. À l'inverse, il peut devenir une terreur qui imite le comportement de ses parents et qui à son tour s'en prend aux plus faibles que lui pour affirmer son besoin de pouvoir et de contrôle sur les autres par des actes désagréables et incorrects. Mais quelle que soit la manière dont votre enfant réagit à une discipline « stricte », vous pouvez être certain que ce n'est pas de cette façon que votre enfant deviendra la meilleure personne qui soit.

De nombreux problèmes peuvent survenir lorsque vous frappez ou criez après votre enfant. Tout d'abord, il aura tendance à s'identifier à vous et à votre comportement. Cela signifie que parce qu'il veut être comme vous, si vous le frappez ou lui criez après, il va imiter votre comportement et va répondre de façon similaire dans des situations similaires. Les enfants reproduisent souvent ce qu'on leur fait.

Ensuite, si vous punissez physiquement un enfant, il pensera que frapper est la réponse appropriée à la plupart des défis extérieurs ou des contrariétés intérieures telles que la frustration, la colère, la peur ou la honte.

Pour finir, frapper met en valeur l'action plutôt que l'emploi de mots expressifs et bien choisis. Apprendre à remplacer l'action par l'emploi rationnel de mots est très important pour un développement psychique sain. Cela aide le cerveau à traduire différentes émotions et frustrations en symboles – en mots – plutôt qu'en actions ou en crises incontrôlées. L'utilisation de mots pour exprimer des sentiments intenses permet à votre enfant de se rendre compte qu'il existe différentes façons de gérer l'expression et de contrôler ses émotions ; cela permet également à son cerveau de s'adapter plus facilement à diverses situations. De temps en temps, bien sûr, les mots et les idées nécessitent d'être traduits en actions afin de faire une remarque ou de provoquer l'événement. Mais, le plus souvent, vous voulez montrer aux bébés et aux jeunes enfants comment transformer les actions et l'impulsivité en mots expressifs et appropriés.

Une manière plus efficace et plus saine que de battre (ou de crier après) votre enfant est de l'aider à développer la discipline en lui apprenant ce qu'est un bon comportement et ce qui ne l'est pas ; en l'aidant à comprendre comment contrôler ses impulsions et comment accepter une satisfaction à retardement ; et en l'aidant à développer un solide sens de lui-même (un trait de caractère particulièrement utile lorsqu'il devient adolescent – cela l'aidera à résister à la pression négative de ses pairs et aux tentations destructrices).

Arriver à comprendre comment faire tout cela n'est pas toujours facile, mais cela repose sur les mêmes principes qui guident vos réponses aux signaux d'un enfant. Une fois encore, les règles de base consistent à : encourager l'expression des signaux ; maximiser les signaux de plaisir ; traiter les causes des signaux de détresse ; et surveiller votre verbalisation et votre comportement parce que votre enfant, lui, vous surveille. Ces règles de base peuvent être exposées de différentes manières et peuvent être améliorées par d'autres astuces. Par exemple, n'oubliez pas que les éloges fonctionnent mieux que les critiques, alors efforcez-vous d'encourager le bon comportement. Recherchez les facteurs déclencheurs (fatigue, faim, douleur) d'un « mauvais » comportement et traitez-les. Entretenez l'amour-propre et l'assurance de votre enfant en faisant attention à ses sentiments et en les respectant.

Quand « Non ! » signifie non

Votre but est d'enseigner par l'exemple et la compréhension, et non par la punition ; mais quelquefois vous devez agir rapidement et protéger votre enfant. Lorsque votre enfant impulsif se dirige tout droit vers la rue, le problème immédiat qui se pose relève de l'urgence. Mais même dans ce cas de vie ou de mort, vous devez faire le bon choix concernant votre façon de lui communiquer : « Ne cours pas vers la rue » et ce que vous allez lui dire après. La terreur peut améliorer le comportement, mais ne peut en aucun cas apprendre à un enfant à avoir confiance en lui et en ses facultés de prise de décision – une base essentielle de l'autodiscipline. La peur seule n'aide pas un enfant à comprendre quels stimuli intéressants sont dangereux, lesquels ne le sont pas et pourquoi. Je propose que, même avec un très jeune enfant, après l'avoir éloigné du danger et une fois que les choses se sont calmées, vous lui expliquiez votre geste : « C'est dangereux d'aller dans la rue. Tu peux te blesser très fort et je ne veux pas que cela t'arrive. Je me suis fâchée parce que j'avais peur que tu sois blessé. La rue et les voitures sont des choses très intéressantes mais elles peuvent être très dangereuses... elles peuvent te blesser. » Vous obtiendrez de bien meilleurs résultats, et votre enfant sera plus à même de prendre des décisions responsables concernant sa sécurité, si vous parlez et écoutez au lieu de crier, et si vous utilisez des mots plutôt que des actions pour communiquer votre message.

Quand vous ne savez plus quoi faire

Quand c'est la quatrième fois que l'enfant vide le placard, malgré des avertissements lui demandant d'arrêter, certains parents ont probablement envie de taper sa petite main, de le mettre au lit ou de crier. Mais ils devraient essayer de reconsidérer la question. Les bébés et les jeunes enfants ne sont pas simplement mauvais lorsqu'ils se comportent mal. Il se passe beaucoup de choses dans ce genre de situation. Un enfant ne sait pas qu'exprimer de l'intérêt pour un livre en le regardant est nettement différent d'exprimer de l'intérêt pour un livre en arrachant toutes les pages. Il ne va acquérir la faculté de contrôler ses impulsions que très lentement – et une grande partie de la réussite de ce processus dépend de votre propre faculté à contrôler vos impulsions. Un enfant est entêté ; il est ignorant. Il essaie de découvrir qui il est et quelle est sa place dans ce monde. Il acquiert son expérience en testant les limites. Ce qui l'intéresse, c'est provoquer votre réponse pour voir ce qu'elle va être. Si vous voulez informer votre enfant saccageur de placards des règles à suivre et lui demander de mettre fin à son entêtement, le gronder ou lui crier des directives n'est peut-être pas la solution la plus efficace pour lui enseigner ce qui est bien et ce qui est mal.

La clé est de permettre l'expression des signaux d'intérêt et de joie tout en montrant à votre enfant une autre manière de les exprimer. Si votre enfant commence à déchirer les pages du livre, dites-lui : « Je sais que déchirer des pages est très drôle – ça fait un bruit rigolo, on obtient plein de choses à partir d'une seule... mais on ne peut pas déchirer ce livre ; on le met de côté pour le lire plus tard. À la place, tu peux jouer avec cette feuille de papier très colorée. Je mets le livre de côté pour plus tard quand nous aurons envie de le lire. » Si vous arrivez dans la pièce et que le livre est déjà en pièces, il est trop tard pour intervenir. Si vous criez, l'enfant ne saura pas vraiment pourquoi vous êtes dans tous vos états. La vérité est que si vous laissez un enfant sans surveillance, il va se passer quelque chose qui ne vous fera pas forcément plaisir. Est-ce la faute de l'enfant ? Pas nécessairement. Son cerveau ne fait que ce qu'il est programmé pour faire : chercher des stimuli intéressants. Si le livre est déchiré alors que vous n'êtes pas dans la pièce, la manière la plus efficace d'obtenir la discipline est de dire : « Oh ! regarde le livre ! Maintenant on ne pourra plus le lire car les pages sont toutes déchirées. Ce genre de livre est fait pour être lu et non pas pour être déchiré. Je te laisserai prendre un livre de lecture quand tu sauras l'utiliser correctement. La prochaine fois que tu voudras jouer avec du papier, prends ton bloc à dessin. » Le cerveau permet de mieux faire la part des choses lorsqu'il a plus d'informations. Même un enfant qui ne comprend pas tous les mots comprendra l'essentiel et les émotions de ce que vous dites ; et lorsqu'il sera en mesure de vous comprendre, il acceptera que vous lui proposiez d'autres comportements.

Vous êtes sceptique ?

J'entends des parents dire : « Oui, c'est bien mais quand on a un enfant vraiment entêté, un qui met constamment tout sens dessus dessous, qui ne cesse de faire ce qu'on lui interdit de faire ou qui se met en colère pour un rien ? » Il est vrai que certains enfants sont plus capricieux que d'autres ; certains semblent moins disposés à accepter les frustrations ; d'autres ne se plaisent à faire que ce qu'ils veulent quand ils le veulent. Mais en général, les enfants expriment des émotions en réponse à une stimulation – c'est-à-dire à quelque chose qui se passe à l'intérieur ou à l'extérieur d'eux-mêmes. Par exemple, l'agitation extrême et la mauvaise humeur sont associées aux signaux de désarroi et de colère. Si votre enfant est en pleine crise de colère qui, selon vous, doit être canalisée, demandez-vous : « Est-ce qu'il a faim ? Est-ce qu'il est fatigué ? Malade ? Est-ce qu'il s'ennuie ? » Si vous pouvez répondre oui à l'une de ces questions, il est évident que vous devez vous occuper du problème. Nourriture, sommeil, paroles tendres ou quelque chose d'intéressant sont nécessaires plutôt qu'une punition, et le problème sera probablement résolu.

Une autre question que les parents se posent : est-ce qu'en privilégiant la compréhension plutôt que la punition, cela fait un enfant gâté ou faible ? Les parents qui ont ce sentiment pensent que l'intérêt de l'enfant leur tient à cœur. Ils ne sont pas méchants (pas intentionnellement), ils expriment juste leurs sentiments sur ce qu'est le monde et sur ce qu'il faut faire pour rentrer dans le moule. Mais je pense qu'ils commettent une erreur. Le monde va se charger, bien assez tôt, de distribuer à votre enfant sa part de coups durs ; personne ne peut y échapper. Pourquoi précipiter les choses ? Les enfants qui sont aimés et traités avec compréhension, patience et compassion ont tendance à mieux réguler la tension, sont moins sur la défensive et plus résistants que les enfants qui sont sévèrement punis pour leurs infractions aux codes de la maison. Ils peuvent mieux faire face aux surprises et aux difficultés de la vie, c'est tout.

AVEZ-VOUS BESOIN, VOUS AUSSI, D'UNE PLUS GRANDE INTROSPECTION ?

Si votre enfant ne cesse d'extérioriser ses sentiments, de défier vos règles, à la recherche d'ennuis, vous pouvez vous demander : « Qu'est-ce que je fais pour contribuer au désarroi et à la colère de mon enfant ? Suis-je impatient, impulsif, égocentrique – cela même dont j'accuse mon enfant ? Est-ce je passe à côté de quelque chose d'important qu'il essaie de me dire ? » Et si vous laissez votre enfant réaliser que vous vous interrogez et que vous avez tendance à l'introspection – les enfants en période préverbale le ressentent d'après vos actions et vos mots –, votre enfant s'identifiera à ce processus et pourra mieux se demander : « Qu'est-ce que je fais, moi l'enfant, pour contribuer à cette contrariété ? » C'est exactement ce que vous souhaitez, car alors votre enfant devient une partie de la solution ; il acquiert la faculté d'être introspectif et de réguler la tension qui est en lui.

UTILISER LES RÉCOMPENSES POUR AMÉLIORER LA STRUCTURE

Le fait de récompenser le bon comportement est discutable pour certains parents et spécialistes. Mais j'ai découvert que ce concept pouvait être appliqué avec intelligence et efficacité. Si un enfant fait une marque sur votre tapis avec un stylo, vous lui enlevez le stylo en expliquant : « Je pense que tu ne peux pas prendre ce stylo avant de savoir l'utiliser correctement. Les stylos sont généralement faits pour écrire sur du papier et non sur les tapis ou sur les murs. Nous reprendrons le stylo quand tu pourras mieux t'en servir. » En utilisant un système de récompense, vous pouvez dire : « Je te remercie de ne pas avoir écrit plus que ça sur le tapis... merci de ne pas écrire sur les murs. » Cet éloge va loin. Après tout, la lueur dans vos yeux est une excellente motivation pour votre enfant. Lorsque l'enfant apprend, il est récompensé avec le stylo et le papier. C'est très différent de : « Tu es vilain. Va dans ta chambre. » Avec cette dernière réponse, il y a de fortes chances pour que vous et votre enfant soyez pris dans un engrenage d'échanges de colère toujours plus intense, avec très peu d'apprentissage.

Épilogue

Quand votre enfant grandit...

« Nous ne pouvons réussir qu'en agissant de concert. Ce n'est pas "Est-ce que quelqu'un d'entre nous pense pouvoir mieux faire ?" mais "Est-ce que nous pouvons tous mieux faire ?" [...] Objectez tout ce que vous voulez, la question est toujours la même : "Pouvons-nous mieux faire ?" »

Abraham Lincoln, 1862.
Message annuel au Congrès

Le livre touche à sa fin, mais votre enfant, lui, n'est qu'au début de sa vie. Les signaux et les émotions que j'ai précédemment décrits constituent le fondement de sa vie psychique. Si vous comprenez un peu ce que représente ce fondement, cette embryologie de sentiments, tout le reste devient très clair. Mais je peux entendre certains parents demander : que se passe-t-il après les années préverbales ? Pendant la jeune enfance, l'enfance, l'adolescence, la fin de l'adolescence et l'âge adulte ? Qu'advient-il au moment du choix de carrière, de se marier et d'avoir des enfants ?

Il s'avère, en fait, que ces conseils s'appliquent également à tous ces stades du développement. Continuez de faire ce que vous faites. Ne perdez pas de vue les bases – les signaux, qui sont le fondement des sentiments. Encouragez l'expression des sentiments. Concentrez-vous sur l'intérêt et la joie. Ne négligez pas tout ce qui peut déclencher les signaux négatifs comme le désarroi ou la colère. Et continuez de mettre des mots sur tout.

Votre bébé apporte avec lui beaucoup de choses dans ce monde, du point de vue de son code génétique. Mais vous – ses parents – et le reste de son environnement exercez également une énorme influence sur son développement par vos interactions avec lui. Les spécialistes actuels en développement de l'enfant ont démontré que votre enfant utilise les neuf signaux de base dont nous avons parlé dans ce livre pour interagir avec vous et le monde en général. Ces neuf signaux représentent les tout premiers sentiments de l'enfant, et les interactions avec vous et autrui lui permettent de constituer la base de sa vie psychique.

Il se passe beaucoup de choses pendant les mois et les années de pré-langage – et il s'en passe beaucoup après aussi. Au cours de notre vie, comme le souligne Gerald Edelman, lauréat du prix Nobel, il y a dans notre cerveau une fluidité dynamique. Toutefois, les toutes premières années semblent avoir un impact spécial sur la plupart de nos principaux modes de comportement et de pensée, des modes qui se situent au-delà de notre conscience. John Gedo est un éminent psychanalyste qui a étudié de près le rôle que joue la biologie dans la psychologie. Il a démontré comment de nombreux aspects du caractère, des actions, des habitudes, de l'humeur, de la régulation de la tension, etc. impliquent des modes précoces dont nous ne sommes pas conscients. Ces modes précoces proviennent du patrimoine génétique du bébé et des interactions précoces parents-bébé autour des principaux signaux.

Nous avons parlé dans ce livre de la prévention des problèmes émotionnels et comportementaux. Comment ? En comprenant les signaux quel que soit l'âge, qu'ils soient transmis verbalement ou non, par les expressions du visage ou par les mots, et en leur répondant de façon appropriée. Nous avons également parlé de l'augmentation du potentiel. Comment ? En réalisant que le cerveau est à la recherche de stimuli et que le but est de développer les possibilités et d'encourager l'apprentissage plutôt que de restreindre les émotions internes de l'enfant et d'inhiber la pensée, l'action et les sentiments par la peur et la honte.

Les premières années de la petite enfance et de l'enfance semblent donc fournir une réelle opportunité à votre enfant de prendre un bon départ – d'accroître son potentiel et de prévenir les problèmes. Ces conseils sont faciles à suivre et s'appuient sur les neuf signaux – le fondement de la vie psychique d'un enfant. Encouragez l'expression des sentiments ; concentrez-vous sur les signaux positifs d'intérêt et de joie ; et soyez attentifs aux facteurs déclencheurs des signaux négatifs. Non seulement ces conseils sont faciles à suivre une fois que l'on a compris le fondement... mais ils restent valables pour toutes les décennies à venir. Bonne chance, et amusez-vous bien !

Annexes

Figure 1. Surprise, peur et intérêt

Un stimulus avec un départ relativement soudain et une forte augmentation du taux de bombardement neuronal activera naturellement la surprise. Si le taux de bombardement neuronal augmente moins rapidement, c'est la peur qui est activée. Si le taux augmente encore moins rapidement, l'intérêt est alors naturellement activé.

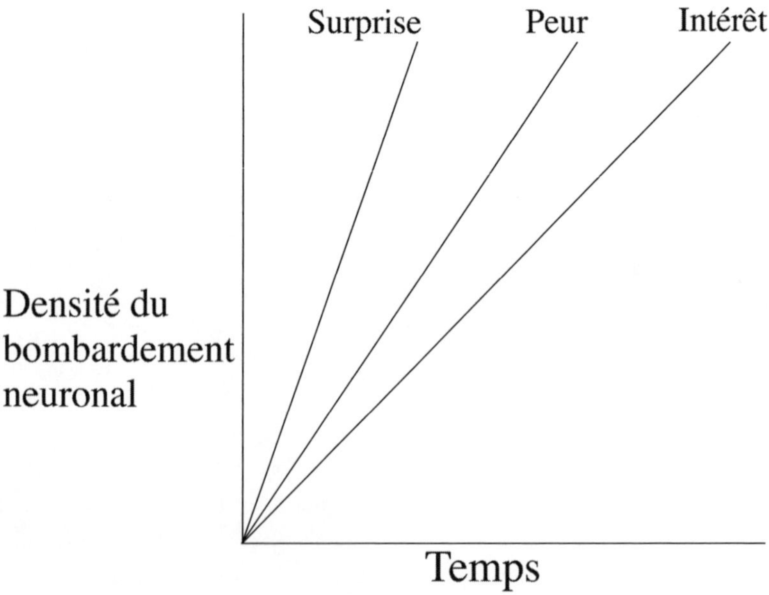

Figure 2. Désarroi et colère

Une augmentation continue du niveau de bombardement neuronal, comme un bruit violent incessant, active naturellement un cri de désarroi. S'il était toujours continu et encore plus fort, il activerait la colère.

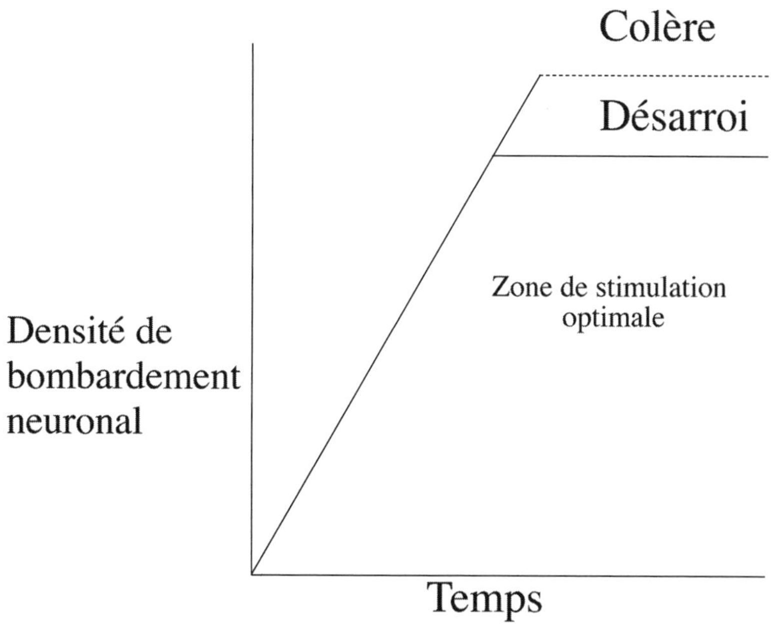

Figure 3. Joie

Une diminution soudaine de la stimulation, qui fait baisser le taux de bombardement neuronal, comme dans la diminution soudaine d'un bruit excessif, active un sourire de joie.

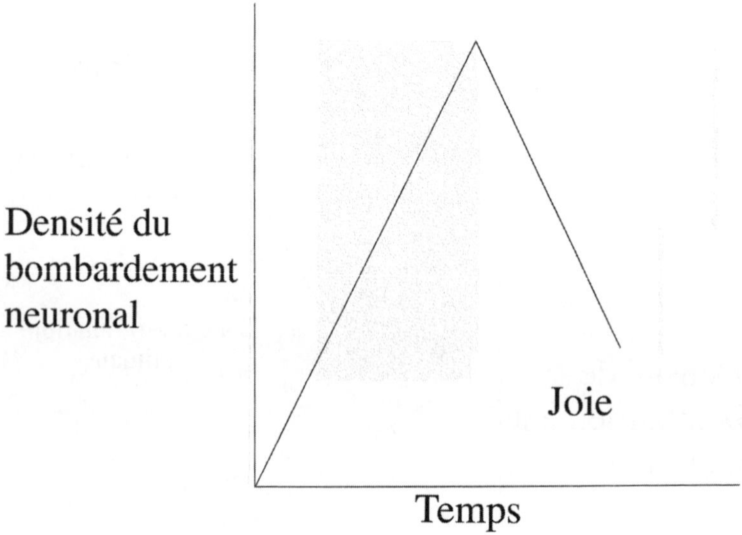

Table des matières

Seconde partie
Les signaux

Les signaux de plaisir : l'intérêt, la joie, la surprise

Les signaux de détresse : le désarroi, la colère, la peur, la honte, le dégoût et la répulsion

Également aux Éditions Leduc.s

Donner des limites sans traumatiser

Troubles de conduite, accès de colère, mauvaise humeur, caprices, voire agressivité verbale et physique... les parents craignent que leur petit ange se métamorphose en mauvais sujet, en petit tyran. Mais ce qu'ils redoutent plus encore, c'est de le blesser, de le frustrer, de le traumatiser en lui donnant une éducation trop sévère.

Avec ce livre, trouvez les réponses justes et les bonnes attitudes pour bien élever votre enfant, sans l'empêcher de « se trouver », de s'épanouir.

- Que faire pour éviter les crises dans les lieux publics ?
- Comment réagir face à un caprice ?
- La fessée est-elle efficace ?
- Que faire quand il vous tient tête ?
- Comment faire assumer à votre enfant les conséquences des ses actes ?

De la petite enfance à l'adolescence, en tenant compte de l'âge et des besoins spécifiques de votre enfant, ce guide propose tous les bons trucs pour le récompenser, le punir parfois, l'aider à devenir un adulte responsable et heureux.

Le livre de chevet de tous les parents d'aujourd'hui.

L'auteur : **Tania Zagury** est brésilienne et mère de deux enfants. Philosophie de formation, elle a publié de nombreux ouvrages sur l'éducation. **Donner des limites sans traumatiser** est un best-seller dans le monde entier.

Collection : POCHES
Format : 11 x 17,8 cm
Pages : 160
ISBN : 978-2-84899-183-2

Comment calmer son bébé qui pleure et 1 000 autres trucs de maman

Enfin, Bébé est né... Vous êtes la plus heureuse des mamans ! Mais les premiers temps avec Bébé sont assez déconcertants. Que veut-il ? De quoi a-t-il besoin ? Fait-on comme il faut ? Comment font les autres parents ?...

Pas de panique ! Ce livre vient à votre secours avec **1001 trucs de maman qui ont fait leurs preuves**.

- Comment décoder ses pleurs et les calmer ?
- Comment trouver une bonne baby-sitter ?
- Comment lui faire avaler un médicament ?
- Comment soigner ses petits malheurs ?
- Comment lui offrir un sommeil serein ?
- Comment le mettre à l'abri des dangers de la maison ? Etc.

Grâce à ce livre archi-pratique, **découvrez les réponses aux nombreuses questions que vous vous posez durant les douze premiers mois de Bébé**.

Alimentation, comportement, éveil, santé, sécurité, soins, sommeil : en fonction des grandes étapes d'apprentissage de Bébé, **de 1 jour à 1 an**, ce livre propose des conseils pleins de bon sens.

Ce guide indispensable vous aidera à profiter pleinement de la première année de Bébé !

Auteur : **Catherine Gourlat** est journaliste et mère de deux enfants. Elle a été sept ans rédactrice en chef d'**Enfant Magazine**.

Collection : POCHES
Format : 11 x 17,8 cm
Pages : 352
ISBN : 978-2-84899-184-9

Achevé d'imprimer en octobre 2008
sur les presses de la Nouvelle Imprimerie Laballery
58500 Clamecy
Dépôt légal : octobre 2008
Numéro d'impression : 809215

Imprimé en France

La Nouvelle Imprimerie Laballery est titulaire de la marque Imprim'Vert®

Pour recevoir notre catalogue, merci de bien vouloir photocopier, recopier ou découper ce questionnaire et nous le retourner complété à :

Éditions Leduc.s
33 rue Linné
75005 Paris

Vous pouvez aussi répondre à ce questionnaire sur Internet :

www.leduc-s.com

NOM : ....

PRÉNOM : ....

ADRESSE : ....

....

CODE POSTAL : ....

VILLE : ....

PAYS : ....

ADRESSE@MAIL : ....

ÂGE : ....

PROFESSION : ....

Titre de l'ouvrage dans lequel est insérée cette page :

Ce que disent les bébés avant de savoir parler

Lieu d'achat : ....

Avez-vous une suggestion à nous faire ?

....

....

....

À .... LE ....

Conformément à la loi Informatique et Libertés du 6 janvier 1978, vous disposez d'un droit d'accès et de rectification aux données personnelles vous concernant.